図解 テレビに学ぶ 中学生にもわかるように 伝える技術

プレゼン・コンシェルジュ
天野暢子

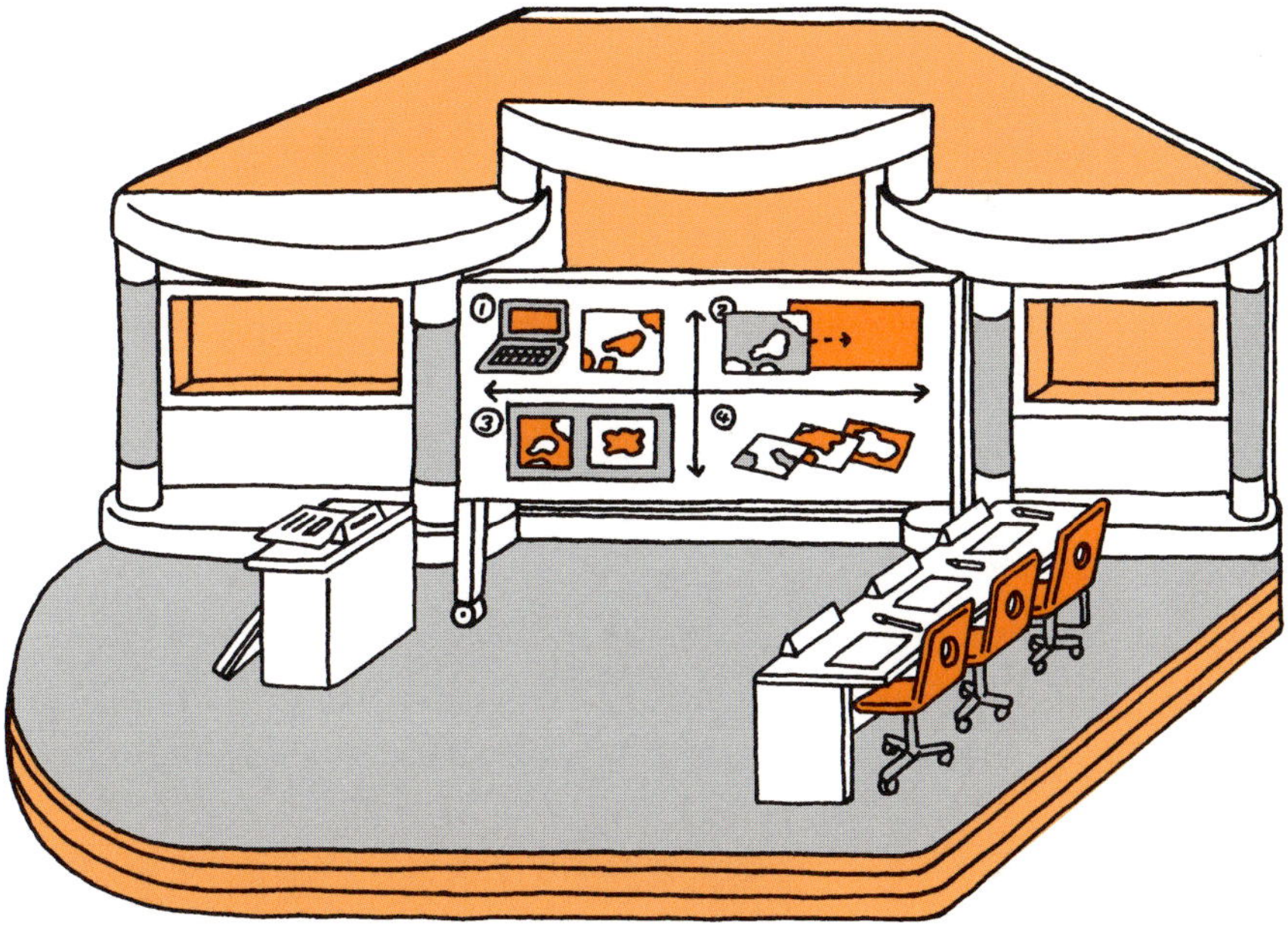

Discover
ディスカヴァー

「テレビの手法」で
テレビキャスターのように
ものごとを分かりやすく
人に伝えることができる！
究極の「伝える技術」は、
テレビに
学べ！

ビジュアルを
使えば
一目瞭然！

見せる

聞く人に
分かりやすい
言葉づかい！

聞かせる

子どもから
大人まで
理解できる！

理解させる

はじめに

テレビの手法で、あなたの説明力も"池上彰レベル"になる!

説明上手になるヒントは、テレビの中に隠されている

「人前で上手なプレゼンがしたい」

「分かりやすい説明ができるようになりたい」

「どうすれば人の心がつかめるんだろうか」

そんなふうに考えている社会人や学生の方は多いことでしょう。

難解なテーマを分かりやすく解説するジャーナリストとして、今テレビ番組に引っ張りだこなのが池上彰さんです。

池上さんは長らく「週刊こどもニュース」（ＮＨＫ）という小学生向けのニュースでお父さん役（司会）をつとめ、子どもでも理解できる解説をするために、日々工夫や努力を重ねてこられたそうです。池上さんこそが、現在の日本における"分かりやすい解説のカリスマ"といっても決して過言ではないでしょう。

私はふだんプレゼンテーション（以下、プレゼン）の現場で指導にあたっていますが、数年前からニュース番組の内容や文字をチェックする「校閲《こうえつ》」の仕事でテレビとかかわるようになりました。

この仕事を始めて最初に驚いたのは、池上さんのようなキャスターを裏で支えるテレビ制作現場の存在です。テレビに登場するキャスターの説明が分かりやすいのは、分かりやすく伝える手法に全力を注ぐプロがいるからでした。

テレビは「見せる」「聞かせる」「理解させる」を研究しつくしている

テレビの「伝える技術」は、いったい何がすごいのでしょうか。

テレビには映像のほか、音声、音楽、文字、地図、図解などの、さまざまな情報が詰め込まれています。しかし、その情報量にもかかわらず、それらは、パッと画面に映っては瞬時で消えていってしまいます。

視聴者はリモコンでどんどんチャンネルを変えていくので、各テレビ局の制作者たちは自局にチャンネルを合わせてもらうために日々涙ぐましい研究を繰り返しているのです。

テレビの視聴率は分・秒単位で数字が出ます。つまり、どんなテーマを放送した瞬間、どんな映像を流した瞬間、どんな言葉を発表した瞬間が人々を惹きつけたのか……それが数字となって出るようになっているわけです。

視聴率が良かった時間には何をやっていたか、逆に、悪い時間には何をやっていたかを調べて、その原因を探っています。視聴率の良い場面での内容や手法は次にも使ってみますし、悪い場面での手法は次にはやらないということを繰り返しています。

このように、**テレビは「見せる」「聞かせる」「理解させる」ことを研究しつくした、究極のプレゼンテーション**だといえます。

テレビの「見せる」「聞かせる」「理解させる」がプレゼンに役立つ！

天野暢子

外国人にも小学生にも、短時間で内容を直感的に伝える

次に、テレビは見る人すべてが内容を理解できるように極限まで工夫されているメディアともいえます。極端にいえば、赤ちゃんからお年寄りまで、すべての人をターゲットにしているわけです。

　情報をすべての層に等しく伝えることはできませんが、少なくとも、楽しいものはその楽しさを、恐ろしいことはその恐ろしさを、ごく短時間で、しっかりと伝えなければいけません。

　テレビは交通標識のような存在です。だから、**言語が分からない人でもイラストや色で直感できるようにデザインされている**のです。

1000万人を瞬時に惹きつけるテレビの「伝える技術」に学ぼう

ひとつの番組の中に「?」(疑問)が3つあると、その先は視聴者に見てもらえません。知らない人にも分かるように〝伝える工夫〟をこらしているのがテレビです。ですから、ほかのメディアにはないスピードとズバ抜けたプレゼンテーション力を持っています。

　ひとたびテレビのテクニックに慣れてしまうと、私はそのほかの業界の皆さんのプレゼンに物足りなさを感じるようになりました。

「テレビだとここで図解するから一瞬で伝わるのに」

「テレビなら実物を見せて、誰にでも分かるようにするだろうな」

「テレビではもっと短い言葉で惹きつけるはず」

「伝える技術」を磨くためのヒントが、毎日、テレビにこんなに映し出されているにもかかわらず、それをマネしてみる人は、ほとんどいないようです。だからこそ、チャンスといえます。一度やってみたら、あなたのプレゼンは劇的に変化するはずです。

　実際にテレビの現場でこれらの手法を使っているのは特別な人ではありません。専門学校や大学を出たての若いスタッフでも、先輩のマネをするうちに1、2か月もすれば「テレビ式プレゼン」が自然に身についてきます。つまり、**特別な勉強や訓練をしなくても、すでに確立されたテレビのスタイルをなぞる（マネする）だけで、分かりやすく伝える能力は身につく**というわけです。

　ズバ抜けた「伝える技術」を持ったテレビですが、実はテレビ業界で働く人々も、まだそのスゴさに気づいていないようです。ならば、私がテレビの業界で学んだ「伝える技術」の数々を皆さんにお伝えしようと、本書を書きました。

　パワーポイントやiPadなどのIT機器を使ってプロジェクトの説明をするだけがプレゼンではありません。自己紹介も、就職活動のためのエントリーシートも、選挙運動も……すべて人生におけるプレゼンテーション活動です。

　テレビの視聴率は10%で視聴者が約1000万人といわれます。1000万という人を瞬時に惹きつけるテレビのテクニックについて、皆さんが必ず見たことがある例を交えながら、日々の仕事やコミュニケーションへの応用方法を紹介していきます。

　皆さんがテレビを一生懸命見て、コミュニケーションの研究をする必要はありません。本書でご紹介するテクニックやツールをマネするだけで、あなたも**テレビキャスターのように分かりやすい伝え方が身につくようになる**でしょう。

Learn TV style!

図解 テレビに学ぶ 中学生にもわかるように 伝える技術

CONTENTS

●究極の「伝える技術」は、テレビに学べ！ 2

●はじめに／テレビの手法で、あなたの説明力も“池上彰レベル”になる！ 4

Part 01 テレビに学ぶ「伝える技術」5つの法則

01 「最初に結論」がテレビの鉄則 10

02 情報はとにかく「3つ」に絞り込む 12

03 正しく伝えるには「数字」が不可欠 14

04 「ビジュアル」の威力があれば説明は不要 16

05 タイトルは短いほどエライ 18

COLUMN_01 指示棒を工夫すれば、プレゼンも一気にレベルアップ！ 20

Part 02 テレビに学ぶ 1000万人に伝わる「話し方」「見せ方」のワザ

06 アナウンサーの話す内容はなぜ分かりやすいのか？ 22

07 「どのように見られたいか」によって話し方を変える 24

08 司会者は右に、アシスタントは左に 26

09 「〇〇さーん」と名前を呼びかけてみよう 28

10 ひとりが笑えばみんなも笑う——同意と拍手の活用法 30

11 会場、聴衆、テーマなどを研究して服装を選ぶ 32
12 アシスタントが引き出す「そう、そこが知りたかった！」 34
COLUMN_02 櫻井翔さんのニュースの読み方をお手本にしよう！ 36

1000万人に伝わる
Part 03 テレビに学ぶ「演出」のワザ

13 「テーマカラー」を持てば、いつでも思い起こしてもらえる 38
14 パワーポイントやiPadではない、とっておきの小道具 40
15 「めくりフリップ」は手品のように相手を惹きつける 42
16 視聴者はなぜテロップに目を奪われるのか？ 44
17 ワイドショーには「マグネットパターン」が必須 46
18 「密着」「舞台裏」「全部見せます」で共感を集める 48
19 説明や図解よりもずっとリアルに伝わる「立体模型」演出術 50
20 音やにおい、温度、質感……五感をフル活用しよう 52
21 写真や映像を使うときは、ベストの角度で見せる 54
COLUMN_03 滝川クリステルさんに学ぶジェスチャーの技！ 56

1000万人に伝わる
Part 04 テレビに学ぶ「画面」のワザ

22 テロップが16字までしか使われない理由 58
23 普通のものを“スゴイ”に変える「キャッチフレーズ」の極意 60
24 図解で情報を整理すれば、グッとスマートに伝えられる 62
25 重要な情報は“見せっぱなし”にしてアピール 64
26 スポーツの結果は、なぜ子どもでもすぐ理解できるのか？ 66

27 文字を読まずに情報を体感させる方法 68
28 フォントとサイズづかいで相手の感情に訴える 70
29 ただの文字もデザイン的に見せれば伝わる 72
COLUMN_04 中身が気になって思わずクリック! タイトルの帝王「おさむ」式 74

Part 05 1000万人に伝わる テレビに学ぶ「売り込み」のワザ

30「あの名店の品物がなんとたったの??円」マジック 76
31 人気店の紹介番組は、最後に必ず店名と電話番号が出る 78
32 人は「本日限り」「限定100個」に心をつかまれる 80
33 記者会見がいつもロゴずくめの壁の前で行われているのはなぜ? 82
COLUMN_05 石塚英彦さんやダンディ坂野さんが親しまれる理由 84

Part 06 1000万人に伝わる テレビに学ぶ「進行」のワザ

34「徹子の部屋」にも「おしゃれイズム」にも台本がある 86
35 本番で絶対失敗しないために、ひたすら練習する 88
36 ドラマもニュースも時間ぴったりに終わるのはなぜ? 90
37 想定できるすべてのケースに対策を準備しておく 92
COLUMN_06 聞き手の知りたいことを尋ねる「ガッテン! 問いかけプレゼン」 94

巻末付録 テレビのテクニックを使って、実際にプレゼン資料をつくってみよう! 95

●おわりに/テレビの真髄は、情報を“見せる”ことにあり! 111

●カバーデザイン/小口翔平、三森健太(tobufune)
●本文デザイン・DTP/斎藤 充(クロロス)
●編集協力/藤吉 豊(クロロス)、岸並 徹、斎藤菜穂子

Part 01

テレビに学ぶ
「伝える技術」5つの法則

Learn TV style presentation!

「最初に結論」がテレビの鉄則

大事なことは「最初」に伝える

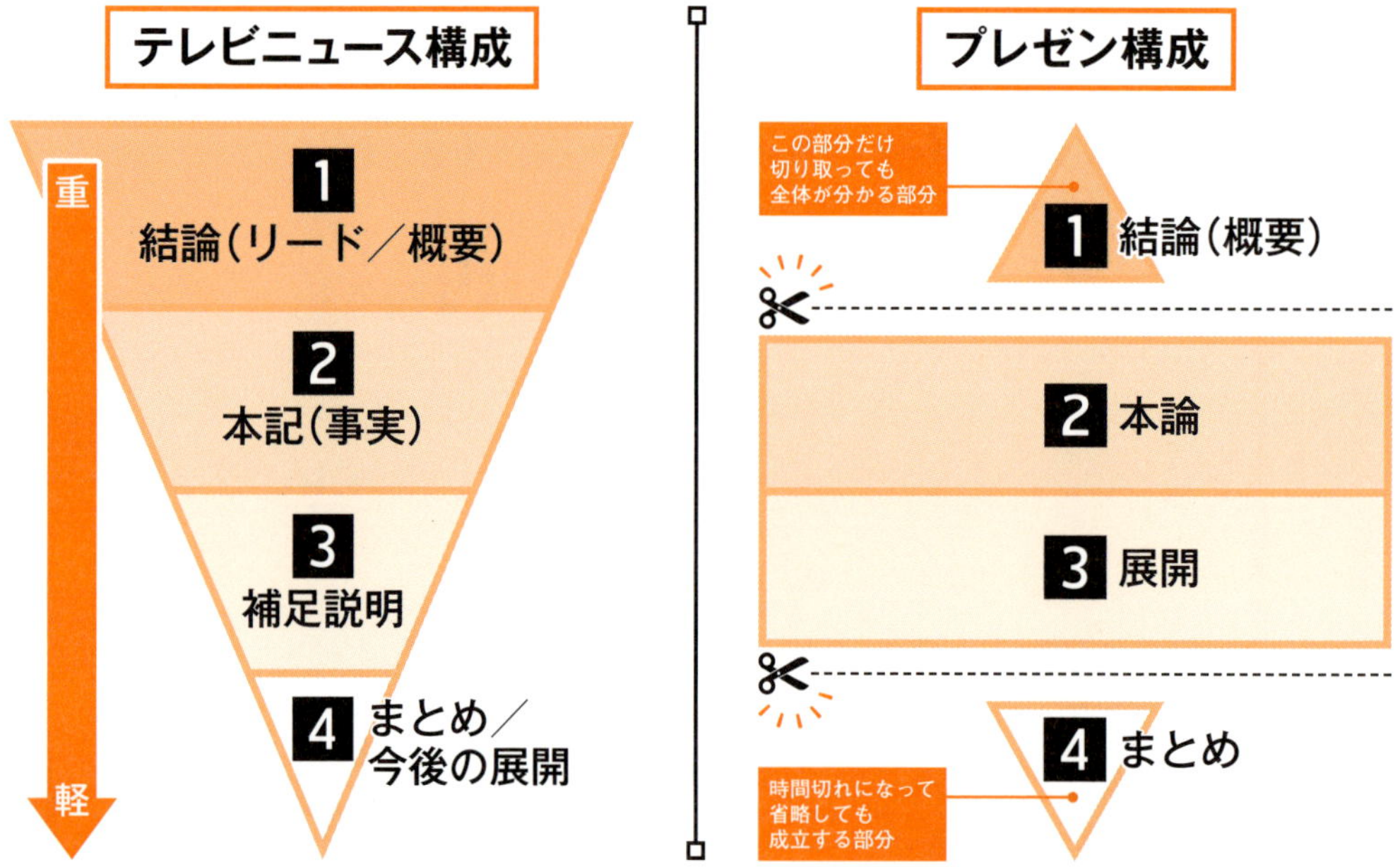
テレビニュース構成
重
軽
1 結論（リード／概要）
2 本記（事実）
3 補足説明
4 まとめ／今後の展開
プレゼン構成
この部分だけ切り取っても全体が分かる部分
1 結論（概要）
2 本論
3 展開
4 まとめ
時間切れになって省略しても成立する部分

「伝えなければいけない最低限の事実」を最初に話す

「プレゼンで肝心なことが伝えられなかった……」。そんな経験のある方は多いでしょう。それを解決するには、**重要なこと（結論）を冒頭で伝えるようにします。**

ニュースを例にとると、全体を要約して紹介するリードという部分が最初にきます。

「けさ、関越自動車道で、乗用車4台がからむスリップ事故が起きました」

といった短文です。これが伝えなければいけない最低限の事実です。

リードによって受け手が「なんだ？」と関心を持ったあとに、本記（本文）を持ってきます。「原因」や「死傷者の数」「搬送先」などの事実です。その次に補足の説明で「今年はじめて」「類似の事故と比べて被害が大きい」などと続きます。最後に「今後どうなりそうか」といった推測を伝えます。

「何がどうした」を冒頭15秒以内にまとめる

プレゼンでも最初に内容の概略を伝えなければ、その先に関心を持ってはもらえません。

「冒頭で概要を短く」するためのコツは、**「何が」「どうした（どうなる）」を15秒以内で話せるようにまとめること**です。

たとえば人件費が大幅に削減できるシステムの紹介ならば、**「これからご紹介するのは、人件費が2割削減できる旅費精算システムです」**と説明しましょう。さらにスライドや配布資料では、トップページに次のように表示します。

「人件費2割削減！　最新旅費精算システム〇〇〇〇〇（製品名）」

冒頭から**具体的な数字（2割）が入っていることもポイント**です。

さらに結論の紹介に続いて「このシステムについて、10分お時間をいただいてご説明します」「最後に3分ほど質問のお時間もとってあります」と進行の概略を伝えます。

こうすることで、相手も聞くための時間配分と心の準備ができ、「伝える」「受ける」の良好な関係が構築されるのです。

テレビから学べる「伝える技術」の1ポイントアドバイス

気になる話題を最初に提供すれば、最後まで興味を持って見続けてもらえる。

Learn TV style!

プレゼンでは最初に「概要」を伝える

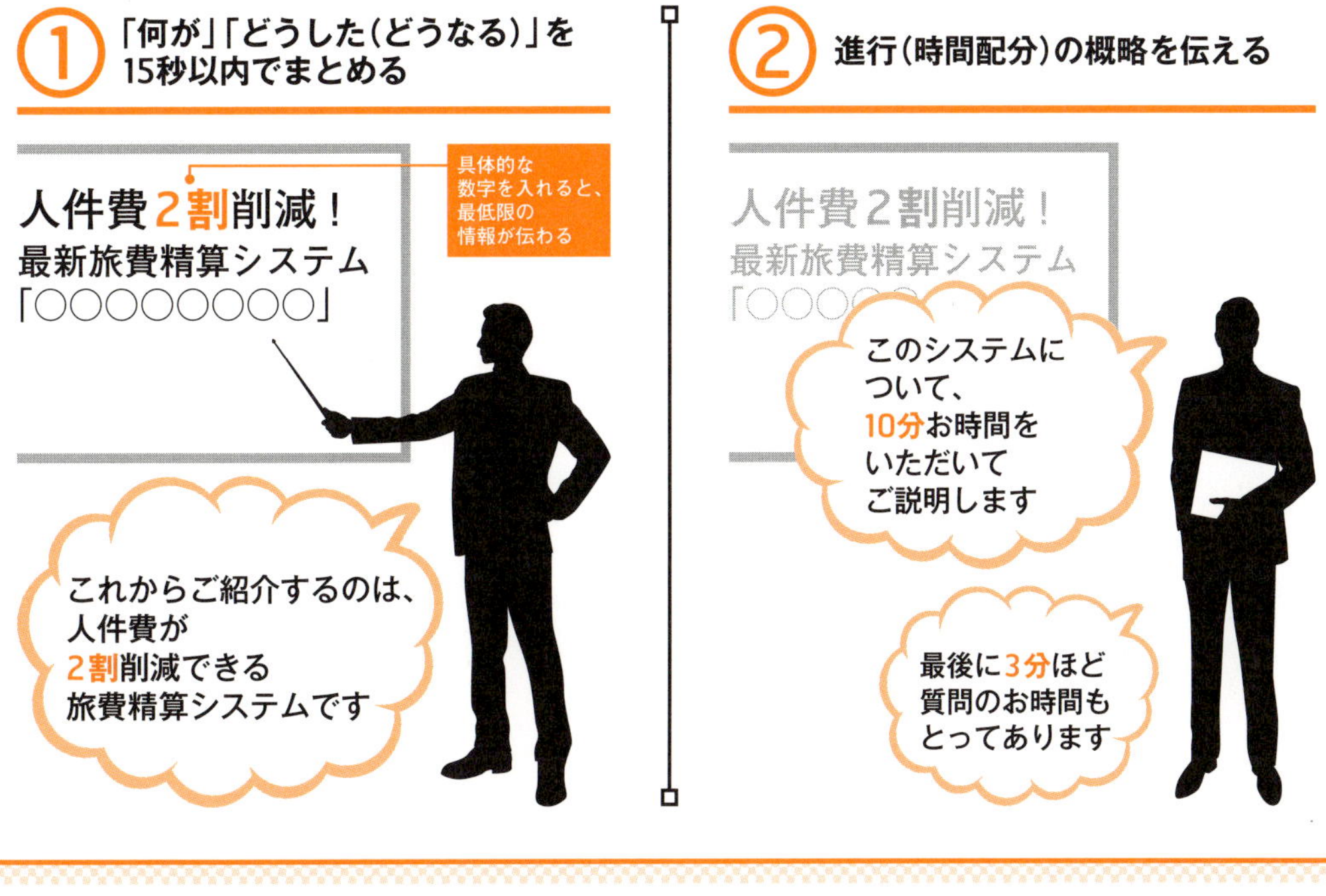
① 「何が」「どうした（どうなる）」を15秒以内でまとめる
人件費2割削減！
最新旅費精算システム
「〇〇〇〇〇〇〇〇」
具体的な数字を入れると、最低限の情報が伝わる
これからご紹介するのは、人件費が2割削減できる旅費精算システムです
② 進行（時間配分）の概略を伝える
人件費2割削減！
最新旅費精算システム
このシステムについて、10分お時間をいただいてご説明します
最後に3分ほど質問のお時間もとってあります

情報はとにかく「3つ」に絞り込む

「ポイントは10個あります」では覚えられない

Learn TV style!

企画書を提出したとき、「で、ポイントは？」と聞かれたことはありませんか？

そう言われたとしたら、伝えたいことを詰め込みすぎなのかもしれません。確実に伝えるためには、**情報の絞り込みが必要**です。**その数は、ズバリ「3点」**です。

では、なぜ3点か。それは「鼎《かなえ》」を考えれば分かります。鼎は脚が3本の金属製の鍋。ものを支えるには3本の脚があれば十分であり、3は安定する最小の数字なのです。

人は多くを記憶できません。日本三景、世界三大夜景なども、3点セットだから記憶に残りやすいのです。

クイズ番組でも、答えの選択肢は3つがほとんどです。それ以上の数を並べても、お茶の間の皆さんは、気楽に楽しめません。

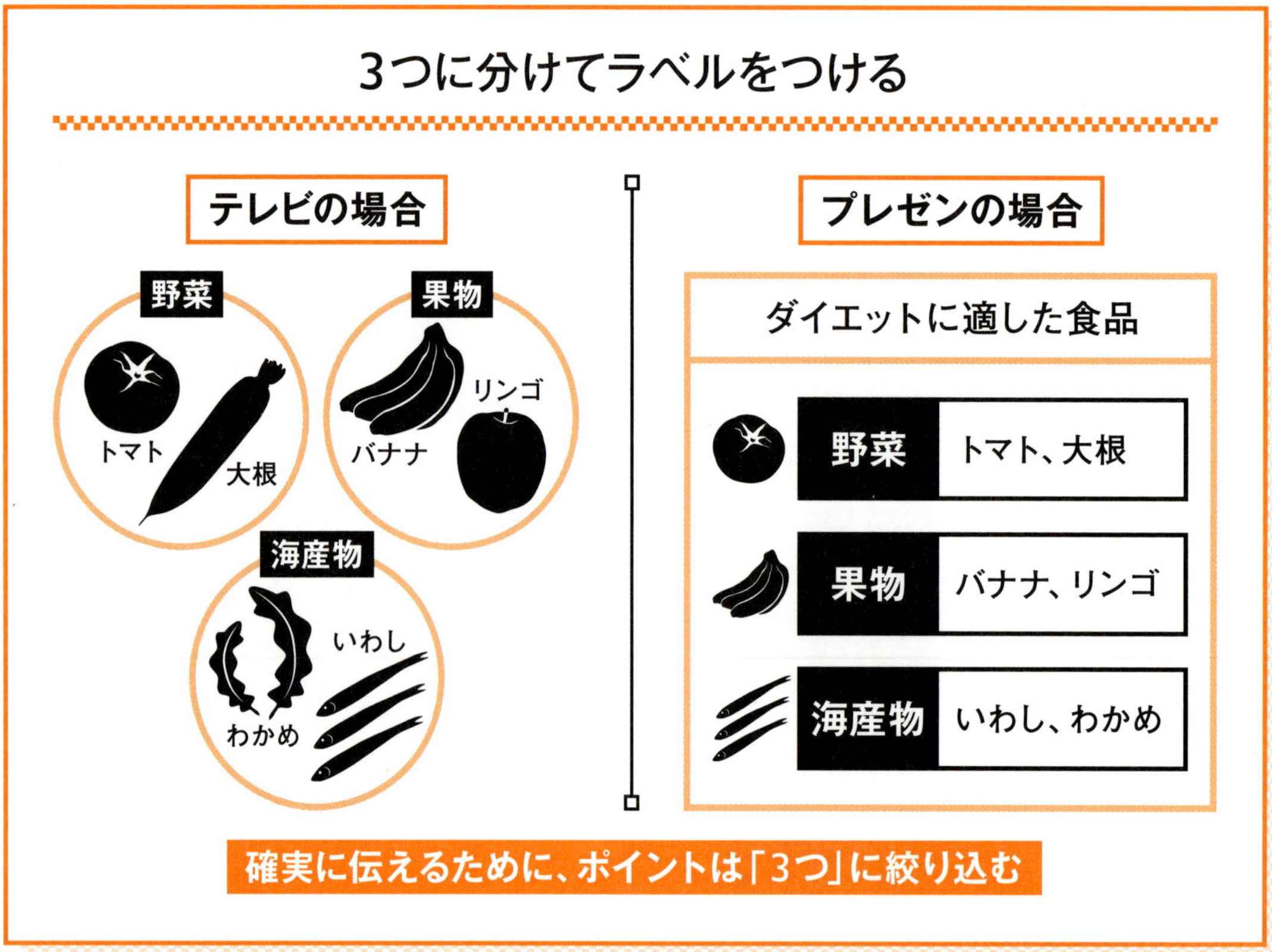

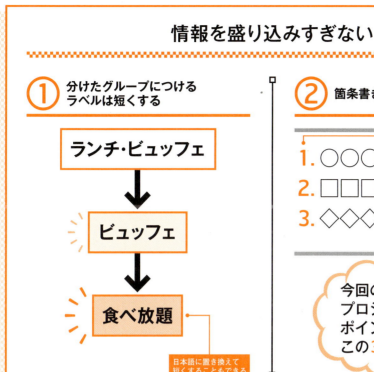

情報を盛り込みすぎない

① 分けたグループにつけるラベルは短くする

ランチ・ビュッフェ
↓
ビュッフェ
↓
食べ放題

日本語に置き換えて短くすることもできる

② 箇条書きの番号は「3」までにする

4つ以上は
相手に
記憶されない
1. ○○○○○○
2. □□□□□□
3. ◇◇◇◇◇◇
今回の
プロジェクトの
ポイントは
この3点です

たくさんの要素は3つにグルーピングする

たくさんの情報がある場合は、まず、要素を並べてみます。たとえば、ダイエットに適した食品として、**「トマト、いわし、リンゴ、大根、わかめ、バナナ……」**が並んでいたら、「野菜」「果物」「海産物」というグループに分けることができます。

すると、**「ダイエットに適した食べ物は、①野菜、②果物、③海産物です」**と、**3点で紹介する**ことができるのです。

そのあとに、「野菜はトマトや大根、果物はリンゴ……」と詳しい説明を加えます。

3つに分類したら、短い名前をつけるのも重要です。たとえば、「ランチ・ビュッフェ」のように2語ならば、「ランチ」を削って1語に、「ビュッフェ」は外国語なので、「食べ放題」と日本語に置き換えることもできます。

箇条書きで見せることも、3点で伝える重要なポイントです。

3つのものが見えていれば、話す側は「伝えるのは3点」、受け手も「ポイントは3点」と脳内の記憶装置にスイッチが入ります。

伝える技術のレベルが劇的に変化する

必見の③-POINT

① 多すぎる情報は、まず「3つ」に分類する

② 「3つ」に分類した情報には、短いグループ名をつける

③ 情報は箇条書きで見せる。項目は「3つ」までで、情報を盛り込みすぎない

正しく伝えるには「数字」が不可欠

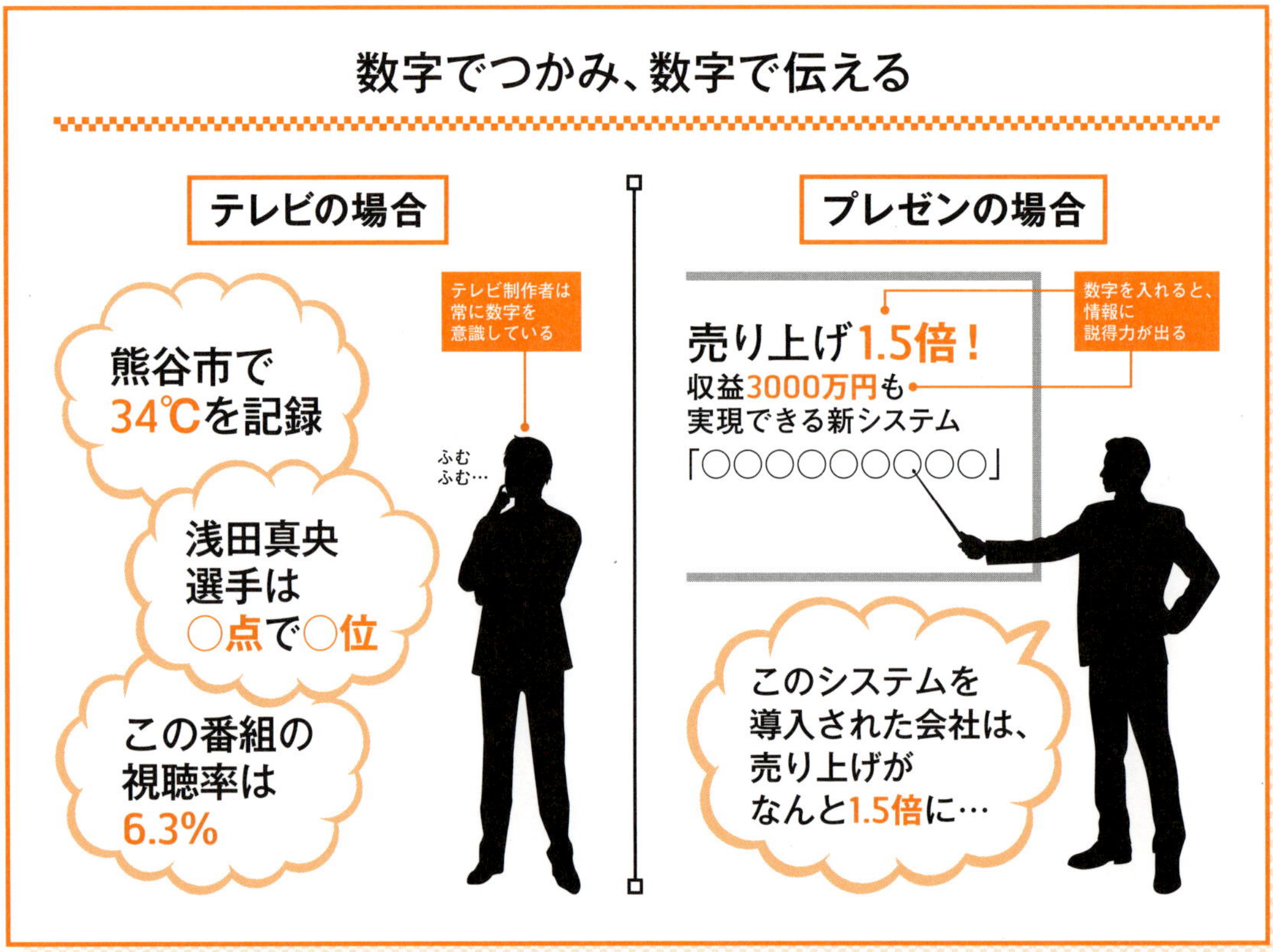
数字でつかみ、数字で伝える
テレビの場合
プレゼンの場合
熊谷市で34℃を記録
浅田真央選手は○点で○位
この番組の視聴率は6.3%
テレビ制作者は常に数字を意識している
ふむふむ…
売り上げ1.5倍！
収益3000万円も
実現できる新システム
「○○○○○○○○○○」
数字を入れると、情報に説得力が出る
このシステムを導入された会社は、売り上げがなんと1.5倍に…

ニュースや スポーツ番組に 欠かせない数字力

Learn TV style!

情報伝達において、絶対にブレることがない要素があります。それは、「数字」です。

「すごく大きい」という表現は、人によって感じ方が異なりますが、「500グラムの肉」は誰にとっても500グラムですし、「24センチの靴」と聞いたら、誰もが同じ大きさを思い浮かべるでしょう。

数字は、子どもにもお年寄りにも、日本人にも外国人にも、同じ事実が伝えられます。

テレビは、数字をうまく取り入れて、情報を発信しています。

天気予報の場合、「暑い一日」「記録的な大雨」では、どのくらいの暑さなのか、どれほどの大雨なのか伝わりません。

「熊谷市で34℃」「鹿児島市の2か月分の雨量」と数字を使って伝えるからこそ、視聴者は正しい状況をつかめるのです。

伝える内容だけでなく、視聴率や予算など、**テレビマンは常に数字を意識**しています。

数字でつかみ、数字で伝える習慣をつけること

テレビの通販番組では、「今夜8時まで」とリミットを伝えるのが常套手段です。「8時」と数字が入ることで、「買うのは今度でいいか」と思っていた人が、「今、買う」になるのです。

このように、**数字を提示すれば、相手は判断して行動に移す**ことができます。

プレゼンでも、数字が非常に重要な役割を果たします。コンセプトや情熱も大切ですが、**数字が入っていないプレゼンでは、全く説得力がありません。**

「売り上げ1・5倍」「費用500万円」など、伝えたい情報には、必ず何らかの数字があるはずです。

ただし、「情報は数字で」と言われても、難しいものです。そこで日ごろから、さまざまなものを**数字で把握するクセ**をつけます。

物ごとを数字でとらえるクセがつくと、企画段階でも、新しいアイデアが浮かんでくるでしょう。

テレビから学べる「伝える技術」の
1ポイントアドバイス

数字を提示すれば、相手は判断し、行動に移すことができる。

数字で把握するトレーニング

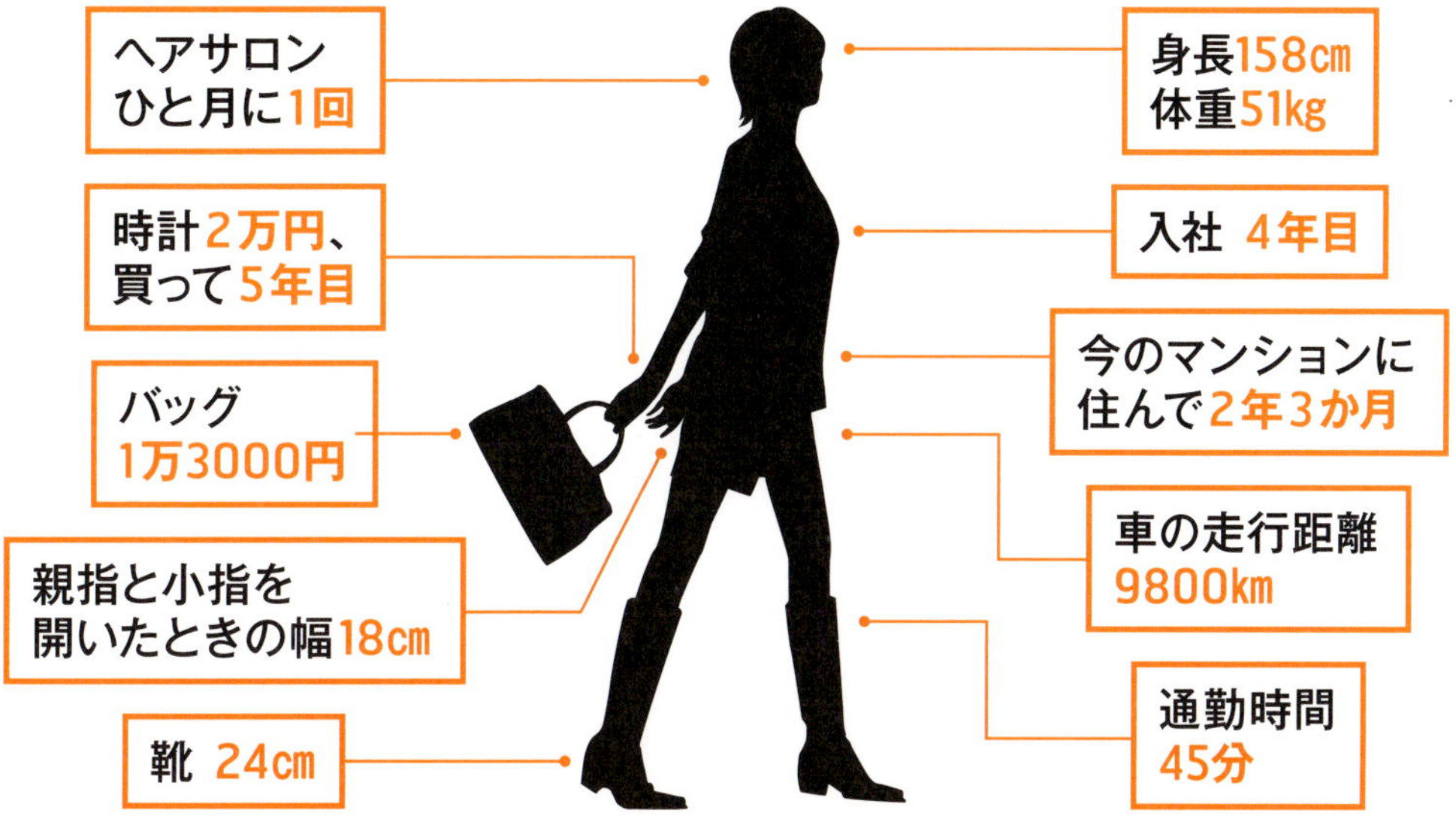
ヘアサロン
ひと月に1回
時計2万円、
買って5年目
バッグ
1万3000円
親指と小指を
開いたときの幅18cm
靴 24cm
身長158cm
体重51kg
入社 4年目
今のマンションに
住んで2年3か月
車の走行距離
9800km
通勤時間
45分

数字で物ごとを把握するクセがつくと、新しいアイデアが浮かんでくる

「ビジュアル」の威力があれば説明は不要

クイズがいつも「映像をご覧ください」から始まる理由

黒煙が立ちのぼる大火災、自動車が大破した事故……。ニュースや情報番組では、ニュース映像を短く編集して、冒頭で番組タイトルとともに流すことがあります。

アナウンスや字幕で説明しなくても、視聴者は「火事」「事故」と直感します。真っ赤な炎を噴き上げる映像が流れるテレビは、視聴者を一気に引き込みます。

映像を見せてゲストがクイズに答えていく番組を最初に広めたのは、「ぴったしカン・カン」（TBS）だと思います。

「クイズのヒント＝映像」を、テレビの中の解答者も視聴者も同時に見るというのがウケたのでしょう。知識がなくても、映像をよく見れば解答できるので、視聴者も簡単に参加でき、テレビの中の人と同じ情報が共有できます。

テレビは、ひと言も説明しない

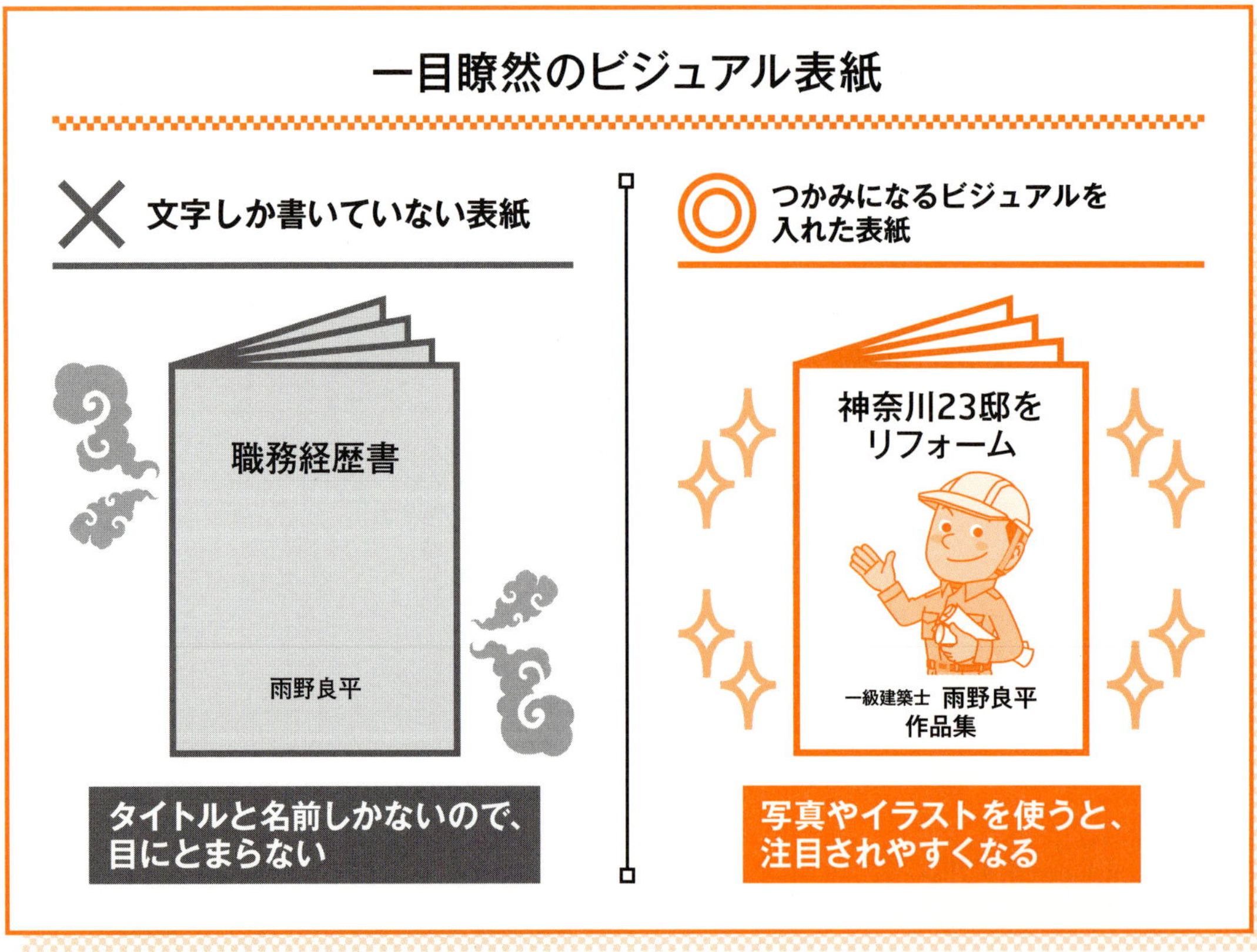
一目瞭然のビジュアル表紙
文字しか書いていない表紙
職務経歴書
雨野良平
タイトルと名前しかないので、目にとまらない
つかみになるビジュアルを入れた表紙
神奈川23邸をリフォーム
一級建築士 雨野良平
作品集
写真やイラストを使うと、注目されやすくなる

会場のディスプレイやスライドでもアピール

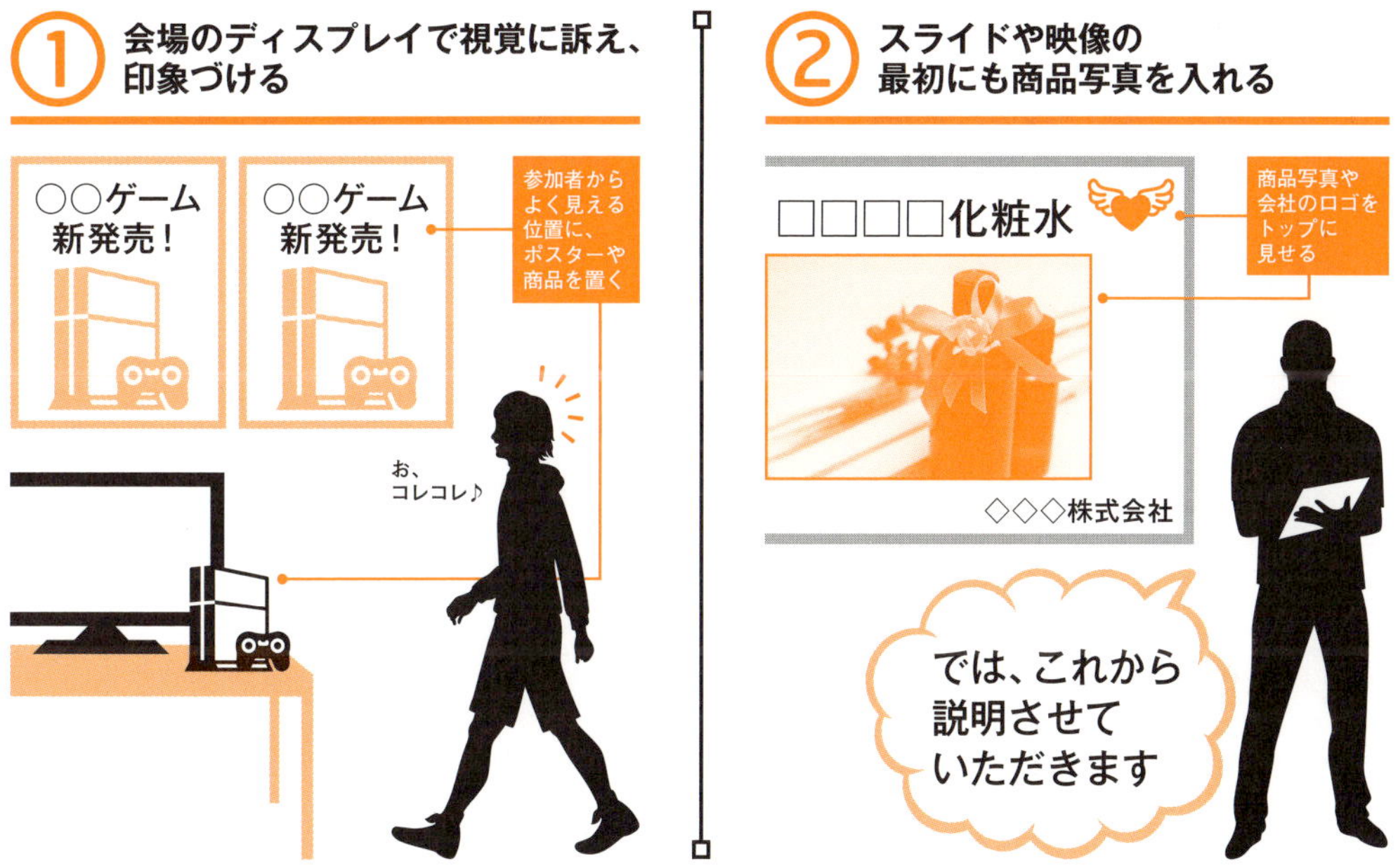
① 会場のディスプレイで視覚に訴え、印象づける
○○ゲーム 新発売！
○○ゲーム 新発売！
参加者からよく見える位置に、ポスターや商品を置く
お、コレコレ♪
② スライドや映像の最初にも商品写真を入れる
□□□□化粧水
商品写真や会社のロゴをトップに見せる
◇◇◇株式会社
では、これから説明させていただきます

うちから人の心をつかむのです。

プレゼンにおいても、この**「ひと言も発しないうちから相手を惹きつける」ビジュアルは不可欠**なのです。

ビジュアル表紙で「つかみ」を演出する

プレゼン資料の表紙は文字だけと思っている人が多いですが、表紙に規定がなければ、ビジュアルを入れても問題ありません。

文字ばかりの書類に囲まれた担当者の目にとまりやすくなるでしょう。**「つかみ」を演出するのが「ビジュアル」**です。それが、資料の表紙にあたります。

これは、紙の資料に限りません。新商品発表会ならば、参加者からよく見える位置に、商品の実物や使用している写真をディスプレイしておきます。

スライドや映像なども同じです。会社紹介ならば、表紙にあたる最初のスライドに社屋の写真やロゴマークを、商品説明なら、その商品写真をトップ画面に持ってくる。

最初にビジュアルを見せれば、そのあとに続く口頭説明は、補足程度で十分です。

テレビから学べる「伝える技術」の
1ポイントアドバイス

まず最初にビジュアルを見せて、相手の心をつかむ。

Learn TV style!

タイトルは短いほどエライ

番組タイトルのつけ方

① タイトルだけで、番組内容がイメージできる

『元祖！ 大食い王決定戦』

パクパク！
おかわり！
どんなにたくさん食べるんだろう？

② タイトルだけで、誰が出ている番組かが分かる

『踊る！ さんま御殿!!』

ホンマか〜？
アカンやろ！
ファ〜（笑）
明石家さんまさんが出演する番組だな

思わず惹きつけられる番組タイトルには法則がある

視聴者が見る番組を選ぶとき、新聞のテレビ欄の限られたスペースで重要な役割を果たしているのが、番組タイトルです。

タイトルをつけるときのポイントは、大きく分けてふたつです。

①タイトルだけで、番組内容がイメージできる

「元祖！ 大食い王決定戦」（テレビ東京）なら、大食い王という言葉から、〝どれだけ食べるのか？〟と期待をおぼえるでしょう。

②タイトルだけで、誰が出ている番組かが分かる

「踊る！ さんま御殿!!」（日本テレビ）は、タイトルを見るだけで、明石家さんまさんがメインで出演する番組だと分かります。

つまり、内容か出演者か、**「視聴者が番組を選ぶための判断材料を確実に伝えること」**が、ポイントです。

「文字数」「固有名詞」「記号づかい」がポイント

プレゼンや企画書も、**タイトルだけで相手に興味を持たせる**ほどのインパクトを持ち、内容が伝わるものにすることが重要です。

私が考えるテレビ式のタイトルづけのポイントは、次の3点です。

①コンパクトな「文字数」

番組名は、10文字以下が圧倒的に多いです。記憶されるためには、タイトルは短いほど効果的です。

②「固有名詞」を盛り込む

たとえば、携帯電話の料金形態の提案で、「お得な新サービス」では内容が分かりません。「ペア割で通話料1人分0《ゼロ》」なら、2人で使えば1人がタダという、内容も数字も伝わります。

商品名やプロジェクト名が長いと、プレゼンタイトルも長くなるので、企画段階から短いものを考えることも重要です。

③文字の見え方が変わる「記号づかい」

「ホンマでっか!? TV」(フジテレビ)のように、記号や「っ」が入ると文字に勢いや動きが出ます。**「ひと目で分かる」タイトル**で勝ちプレゼンに持ち込みましょう。

伝える技術のレベルが劇的に変化する

必見の③-POINT

① タイトルの文字数は10文字程度に

② 固有名詞や数字など、なるべく具体的な文字を盛り込む

③ 記号や促音などを使うことで、目に飛び込んでくる勢いが急上昇する

「文字数」「固有名詞」「記号づかい」がポイント

× 「お得な携帯電話　新サービス」

↓

◎ 「ペア割で通話料1人分0《ゼロ》」

① 文字数
記憶されやすいように、短く。10文字程度で

② 固有名詞
内容が分かる固有名詞や数字を入れる

③ 記号づかい
「！」「☆」などで、見た目にも勢いや動きを出す

COLUMN_01

指示棒を工夫すれば、プレゼンも一気にレベルアップ！

毎日目にしている天気予報。テレビをつけて、“天気予報をやっているな”と一瞬で理解できるのは、画面いっぱいに広がった天気図と、気象予報士が持っている指示棒があるからではないでしょうか。よく見ると、番組ごとに特別な棒が準備されています。

これにはふたつの意味があって、ひとつは特大の画面の中の１か所を確実に示すため。市販されているものとは違い、太く、長くなっています。光の反射を避けるため、色もついています。

もうひとつは、それを見た瞬間、誰が出ている何の番組だと察知させるためです。ポインター（先端）に番組カラーやキャラクターを使ってあります。

日本テレビのお天気コーナーの後ろにはお手製のそらジロー・グッズを身につけた親子がたくさん映っています。

オリジナルグッズは誰にでも作れます。下のイラストを参照ください。ポインターを会社のコーポレートカラーにしたり、キャラクターをつけたりすれば、①注目を集め、②プレゼン全体のイメージが統一できるのです。

P
×2枚
ロゴやキャラクターを
パソコンで出力したものを
白いスチレンボードに貼り、
切り抜いたものを２枚作る
断面
持ち手の先に、
表と裏から
切り抜いたものを
貼る
P
完成！
「○×」「A・B・C」などの
回答札も同じ要領で作れる
通常の指示棒の先に、
小さめのマスコットを
取り付けてもよい
(例：熊本関連のプレゼンで
“くまモン”をつけるなど)

Part 02

テレビに学ぶ

1000万人に伝わる

「話し方」「見せ方」のワザ

Learn TV style presentation!

アナウンサーの話す内容はなぜ分かりやすいのか？

聞き間違いを防ぐ方法の例

①「音読み」ではなく「訓読み」にする

「白髪」
音読み ハクハツ
↓
訓読み しらが

「目途」
音読み モクト
↓
訓読み めど

②熟語以外の言葉を使う

熟語 帰還した
↓
熟語以外の言葉 帰ってきた

熟語 着用する
↓
熟語以外の言葉 身につける

③補足の言葉を補う

「石川遼プロ」
ハニカミ王子
として知られる
石川遼プロ

「ネイルチップ」
ネイルチップ
いわゆる
つけ爪

誤解を生まない言葉づかいと言い換えの技術

Learn TV style!

新聞などの活字媒体は、いわば能動的メディアです。読者が自ら読もうと手にするので、硬い言葉が多くてもいいでしょう。

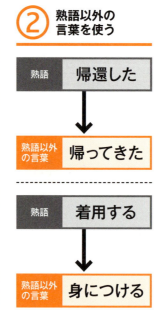

一方、テレビは受動的メディアです。何かをしながらの〝ながら見〟の人も多いので、新聞では問題ない言葉でも、テレビでは**誤解のない言いまわしに置き換える**必要があります。では、新聞記事とテレビの原稿を比べてみましょう。

■新聞記事

2日午後10時50分ごろ、岩手県盛岡市のコンビニエンスストアに50代とみられる女が押し入り、レジカウンター内の男性店員に包丁を見せ「金を渡せ」と脅し、現金約10万円を奪い、徒歩で逃走した。

■テレビの原稿

2日夜、岩手県盛岡市のコンビニエンスストアで女が包丁で店員を脅し、現金およそ10万円を奪って逃げました。逃げた女は50代とみられ、今も逃走中です。

両者の違いは、「である調」と「ですます調」。正確な日時が「夜」になり、「約《やく》」が「およそ」になっています。「約」は同音異義語があるので、言い換えているのです。

22ページの図のように、**分かりにくい言葉は、別の言葉に換えたり、補ったりします。**

同音異義語やカタカナ語、聞き間違えやすい言葉に注意する

プレゼンも、**「聞いても」「見ても」分かりやすく**なければなりません。

まずは、「ですます調」に統一し、同音異義語（「約」と「訳」など）は、別の言葉に言い換えます。また、「コンプライアンスとは法令遵守……」などと、語句の説明を加えれば、内容が正しく伝わります。

耳で聞いて勘違いのない、**分かりやすい言葉を身につけるには、テレビが参考に**なります。

最近では、新聞もテレビも、ニュースをウェブサイトに公開しているので、同じ事件のニュースを比較してみると、よりその違いが分かります。

テレビから学べる「伝える技術」の
1ポイントアドバイス

パソコンで変換ミスになる言葉は、“聞き間違えやすい”同音異義語。

「聞いても」「見ても」分かりやすい進行

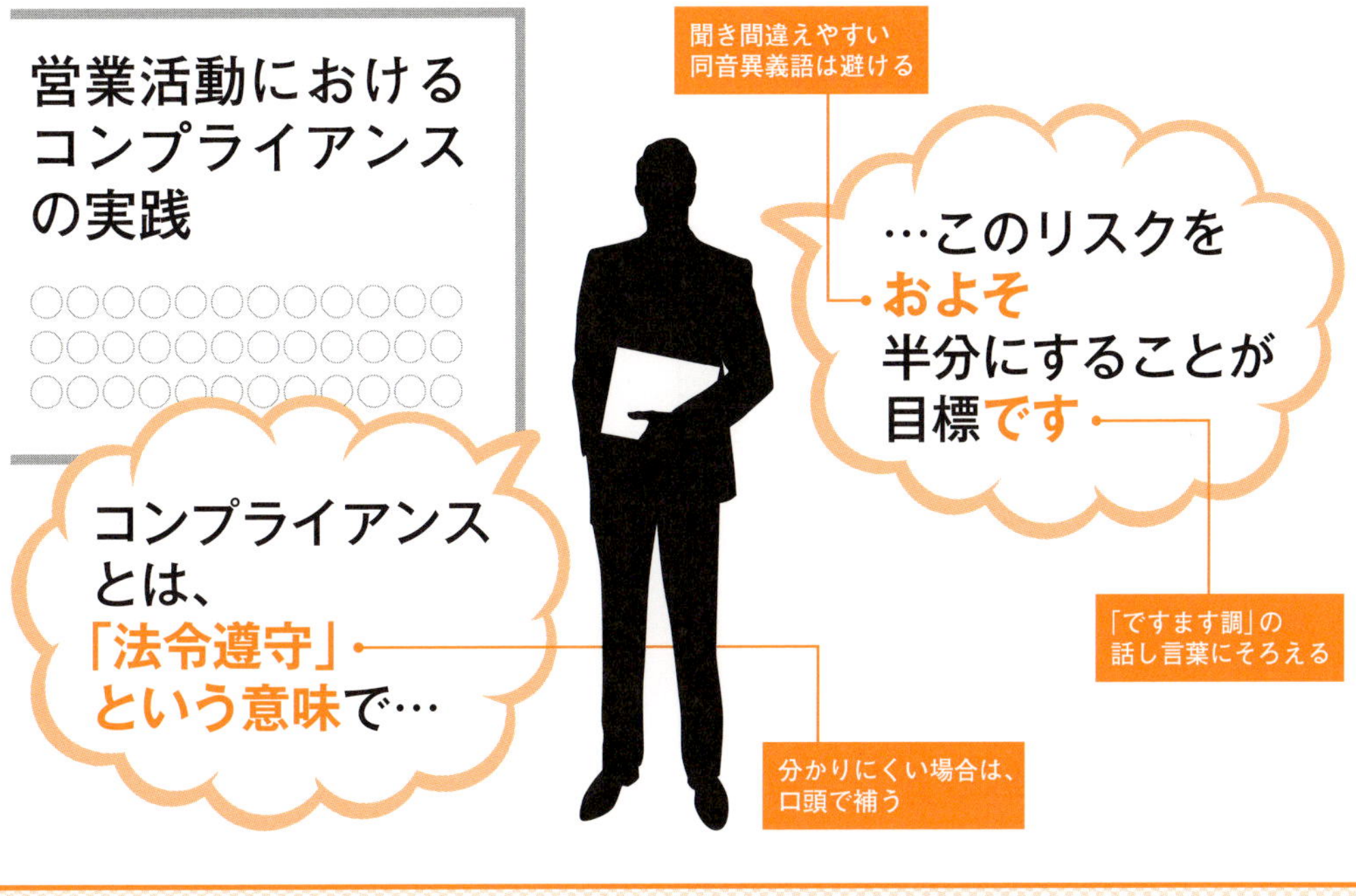

「どのように見られたいか」によって話し方を変える

しゃべりのプロに学ぶ、口調と声の出し方の基本

Learn TV style!

フリー司会者の徳光和夫さんは、テレビ局のアナウンサー時代、野球やプロレスなどの中継では、絶叫調のアツい実況で有名でした。

一方で、"泣きの徳光"とも呼ばれ、ドキュメンタリー番組などで、すぐにもらい泣きするほど、涙もろいことでも知られています。同じ人間でも、**番組や場面によって、トーンを変えている**のです。

ふだんは厳しい表情でニュースを読んでいるアナウンサーも、ドラマやドキュメンタリーなど別の番組でナレーションを担当するときには、やさしく穏やかな語りに変わることがあります。

悲惨な事件を伝えるのに、楽しそうに話していたら、視聴者から、「不謹慎だ」と苦情が寄せられることもあるので、**時と場合によって話し方を変えるのは、しゃべりのプロの基本**です。

時と場合によって話し方を変える

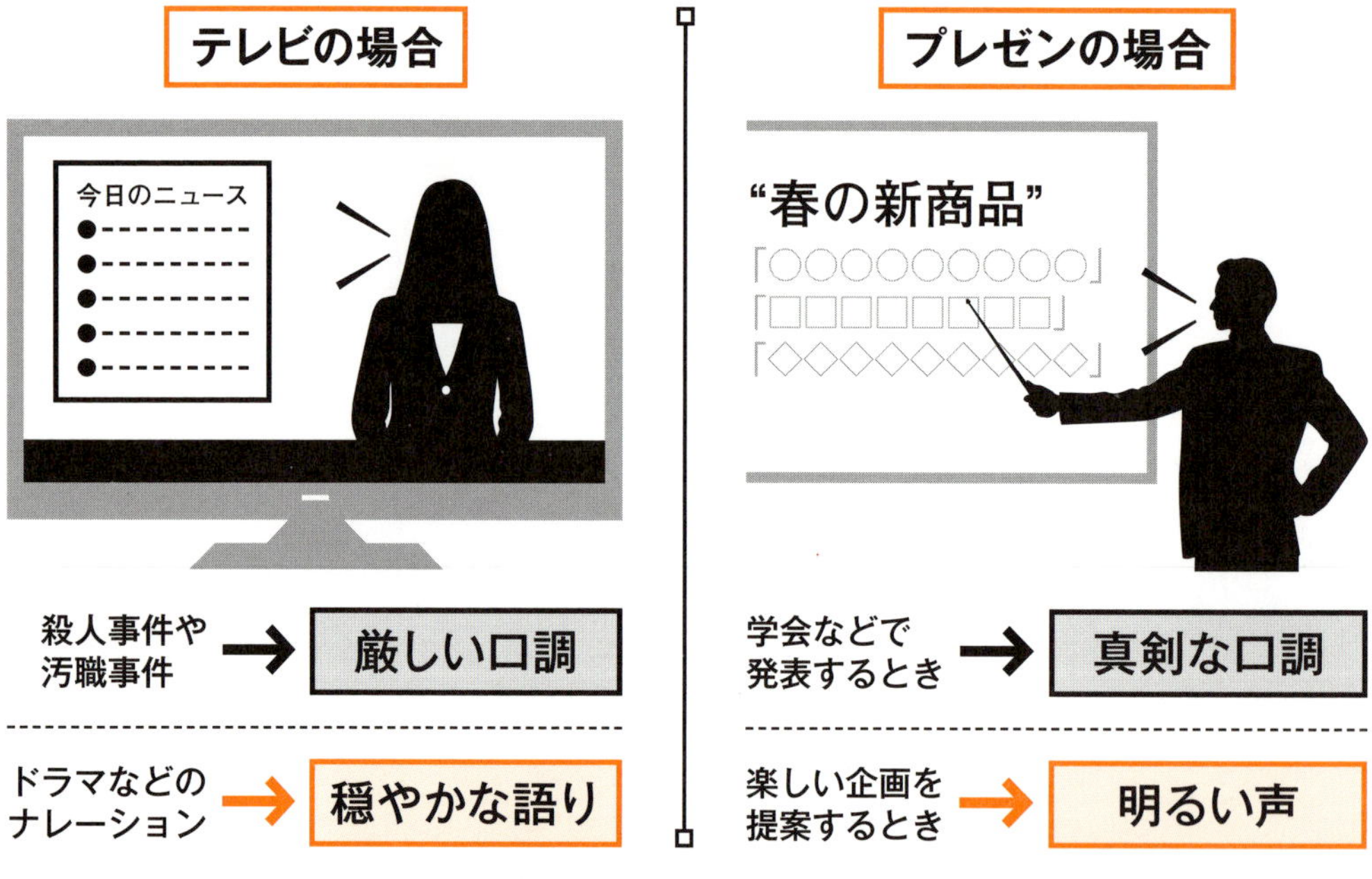
テレビの場合
今日のニュース
殺人事件や汚職事件
厳しい口調
ドラマなどのナレーション
穏やかな語り
プレゼンの場合
"春の新商品"
学会などで発表するとき
真剣な口調
楽しい企画を提案するとき
明るい声

声の出し方と効果の関係

① スピード
ゆっくりなら 信頼される
早口なら 勢いが出る
② 声の高さ
高いと 元気の良さが伝わる
低いと 安定感が出る
③ 言葉づかい
ていねいなら 信用が得られる
カジュアルなら 親しみが得られる

なりたいキャラクターになりきってプレゼンしてみる

プレゼンの現場では、与えられた使命や内容はそのつど変わるものなので、**声の出し方も、そのときの役割を考えて変えましょう。**

真剣な学会で、アニメのような声を出したのでは、発表内容の信《しん》憑《ぴょう》性を失いかねません。逆に、楽しい企画の提案なのに、深刻な口調では、浮いてしまいます。

準備段階で、自分がメインかサブか、キャスターのように毅然とするべきか、おバカキャラに徹するべきか、見極めておきましょう。

私が以前、子ども向けのDJ役をしていたときは、アニメ声優のような声を出していましたが、今は、プレゼン講師として信頼されるよう、ゆっくりと落ち着いた声を出すようにしています。

声の出し方と効果には、上図のような関係があります。

ですが、どれが正解ということはありません。ポイントは、**「どのように見られたいか」「どんなふうに聞いてもらいたいか」。**

まずは自分の希望するイメージをプレゼンごとに決め、それによって、話し方を変えましょう。

伝える技術のレベルが劇的に変化する

必見の③-POINT

① **プレゼンごとに、イメージや役割は変わるもの**

② **メインなのか、サブなのか、どんなキャラクターがいいのか、自分の役割を理解する**

③ **どのように見られたいか、イメージにあった話し方をする**

司会者は右に、アシスタントは左に

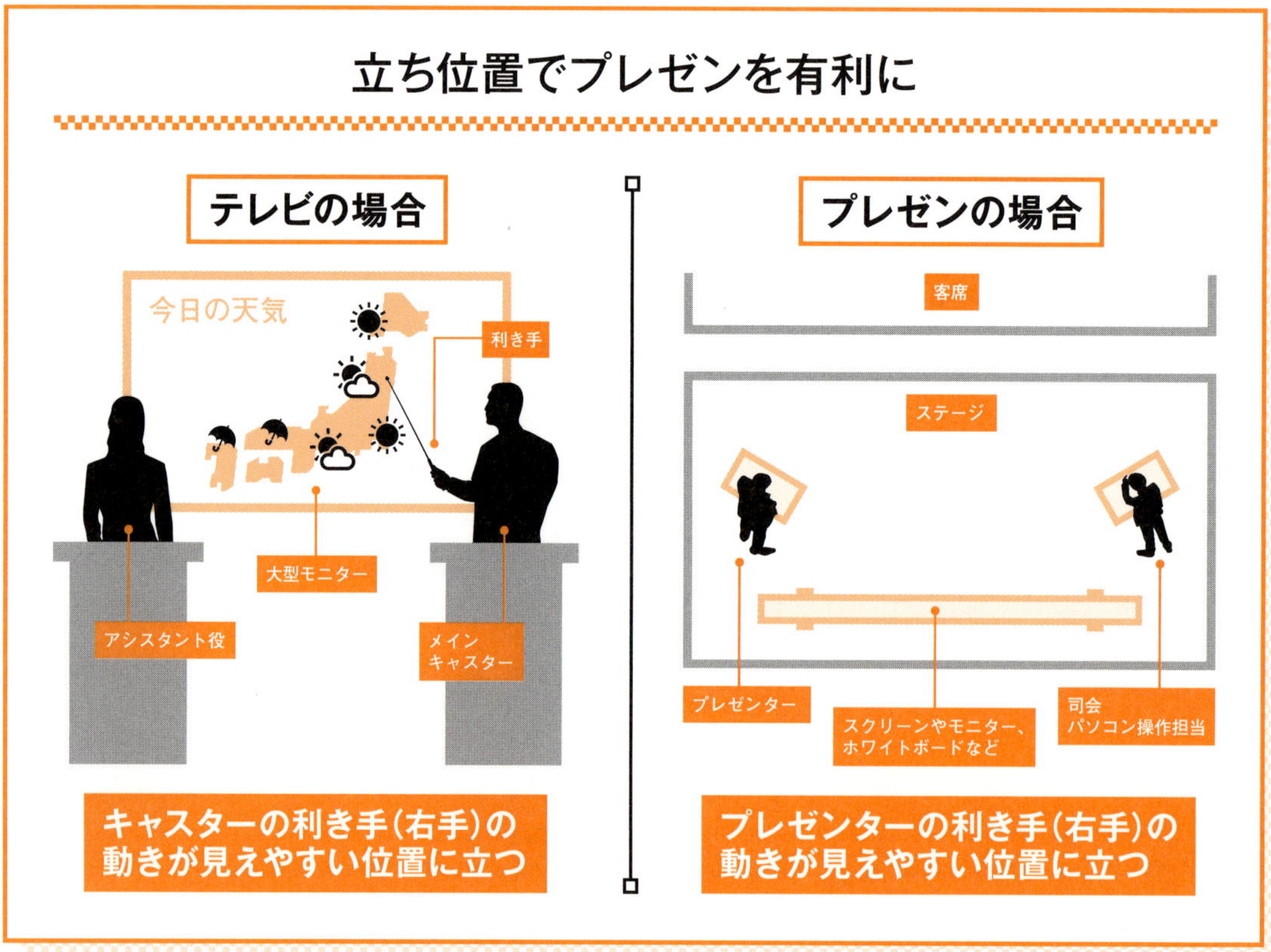
立ち位置でプレゼンを有利に
テレビの場合
今日の天気
利き手
大型モニター
アシスタント役
メイン
キャスター
キャスターの利き手(右手)の動きが見えやすい位置に立つ
プレゼンの場合
客席
ステージ
プレゼンター
スクリーンやモニター、
ホワイトボードなど
司会
パソコン操作担当
プレゼンターの利き手(右手)の動きが見えやすい位置に立つ

立ち位置だけで、あなたの説明はもっとうまくなる

「あさイチ」（NHK）や「スッキリ!!」（日本テレビ）などの情報番組では、大型モニターを挟んで、上《かみ》手《て》（画面に向かって右側）にレギュラー司会者が並び、下《しも》手《て》（画面に向かって左側）にリポーターやアシスタントが立っています。

この配置にするのは、**主役が右手（多くの人の利き手）を使って、画面を指し示せるようにするため**です。

立ち位置が逆になると、左手で画面や図を指したり、聴衆に背を向けるような格好で説明をすることになります。

「身振り、手振りを交えなさい」とは、プレゼンのときに常に注意されることですが、ただ手を振り回せばいいものではありません。

図やスクリーンの適切な位置を指し示すためには、利き手で示すほうが安定します。

Learn TV style!

両手の使い方を細かく決めてプレゼンにのぞむ

プレゼンの場合も、会場設営にリクエストができるなら、使いやすいように依頼します。スクリーンを使用する場合でも、ホワイトボードを使用する場合でも、それらに対して、右側（上手）に立てるようにしてもらいましょう。

その際、右手は指示するために使います。左手はというと、大きな会場ではマイクを持ちます。あるいは、手元資料や図などを支える手になります。

マグネットなどの小道具を使う場合は、それらをどこに置くか、どちらの手で取るかなども決めて、練習しておきましょう。

プレゼンでの両手の使い方など、考えないかもしれませんが、**事前に考えておかなければ、急にできるものではない**のです。

まさに〝小手先〟のことのようですが、難関プレゼンを勝ち抜く人は、そこまでするのです。

プレゼン成功のために練習するのは、話し方だけではありません。**立ち位置、両手のコントロールができる者が、プレゼンを制する**のです。

伝える技術のレベルが劇的に変化する

必見の3-POINT

① **プレゼンでは、身振り、手振りを交える**

② **指し示すものの右側に立ち、利き手でしっかりと指し示す**

③ **資料や小道具の置き場、どちらの手で持つかなど、両手の動きを細かく決めておく**

両手の使い方を細かく決める

人件費
2割削減！
最新旅費精算システム
「○○○○○○○○○」
では、今回のシステムについて説明させていただきます
右手
指示をするために使う
手元資料や図解を支える
大きな会場ではマイクを持つ
左手

指示棒など小道具を使う場合は、どちらの手で持つか、細かく決めておく

「〇〇さーん」と名前を呼びかけてみよう

「とくダネ！」小倉智昭さんに学ぶ、会話のペースづくり

Learn TV style!

「とくダネ！」（フジテレビ）の小倉智昭さんは、番組の中で「この件についてどうですか、デーブ」などと、人の名前をよく呼んでいます。

また、「お台場の吉原さん」など、生放送中に、スタジオから中継現場にいるリポーターの名前を呼ぶこともあります。こういう呼びかけは、以前のテレビ番組ではしていませんでした。

面識のある相手でも、初対面の相手でも、名前で呼びかける

中継は別として、小倉さんがゲストの名前を呼ぶ理由は、ふたつ考えられます。

まずは、視聴者に「この人はデーブ・スペクターさんですよ」と紹介する意味合い。

名前を呼びかけて、味方につける

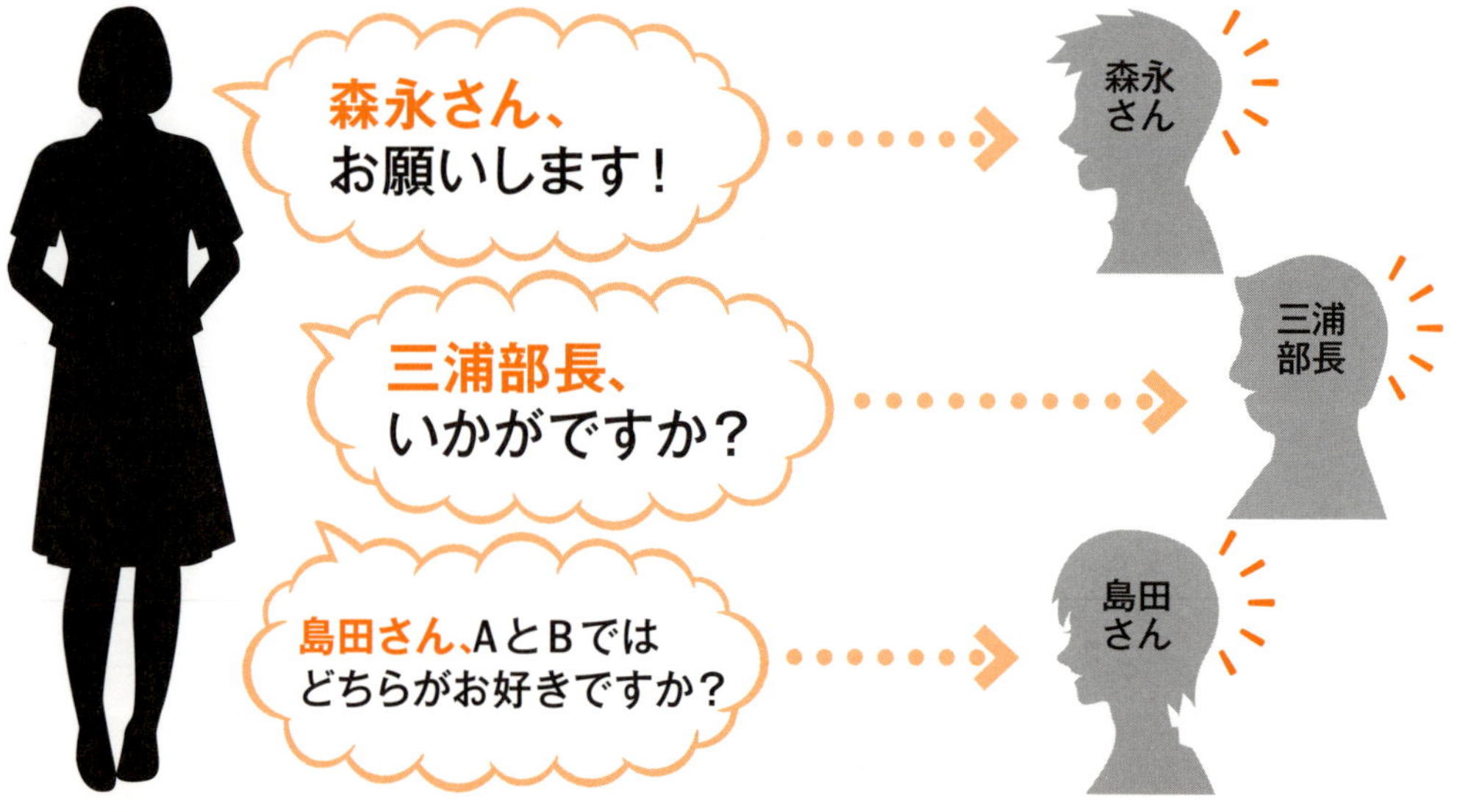
森永さん、
お願いします！
森永さん
三浦部長、
いかがですか？
三浦部長
島田さん、AとBでは
どちらがお好きですか？
島田さん

呼びかけによって会話を作り、自分のペースに巻き込んで、味方につける

名前を知らない人にも呼びかけできる

左の女性の方、これは何に見えますか？
中央におかけの方は、いかがですか？
背の高い男性の方、AとBではどちらがお好きですか？
「左の女性」は私のことだわ
「中央」は自分のことだ
「背の高い」は私のことだ

名前が分からなければ、席順や容姿で呼びかける

もうひとつは、そのゲストが話し始めやすいよう、きっかけの合図出しのためです。ゲストが大勢いた場合、司会者から指名されれば、誰かに遠慮することもありませんし、相手に**名前を覚えてもらっているということで、話しやすくなります。**

プレゼンでも、「どなたか質問はありませんか」と言われても、発言する人はいないかもしれませんが、「三浦部長、いかがですか?」と名前で呼びかけられたら、その気になるものです。

コミュニケーションにおいて、**名前で呼びかけられることは、相手を巻き込んで味方につける第一歩**です。

面識のある方へのプレゼンでは、名前と役職を把握したうえで、呼びかけます。そのためには、**日ごろから、顔と名前、役職を覚える努力が必要**です。

名前が分からなければ、「右の女性の方」でもいいのです。

このように、**呼びかけによって会話を作り、その場にいる人を自分のペースに巻き込んでいく**のです。ひとりでもあなたの話にうなずいてくれたら、あとは安心です。うなずきは周囲に広がっていくものなのです。

テレビから学べる「伝える技術」の
1ポイントアドバイス

名前を呼びかけることで、相手を巻き込んで味方につけて、自分のペースにする。

Learn TV style!

ひとりが笑えばみんなも笑う ——同意と拍手の活用法

拍手や笑い声で盛り上げる

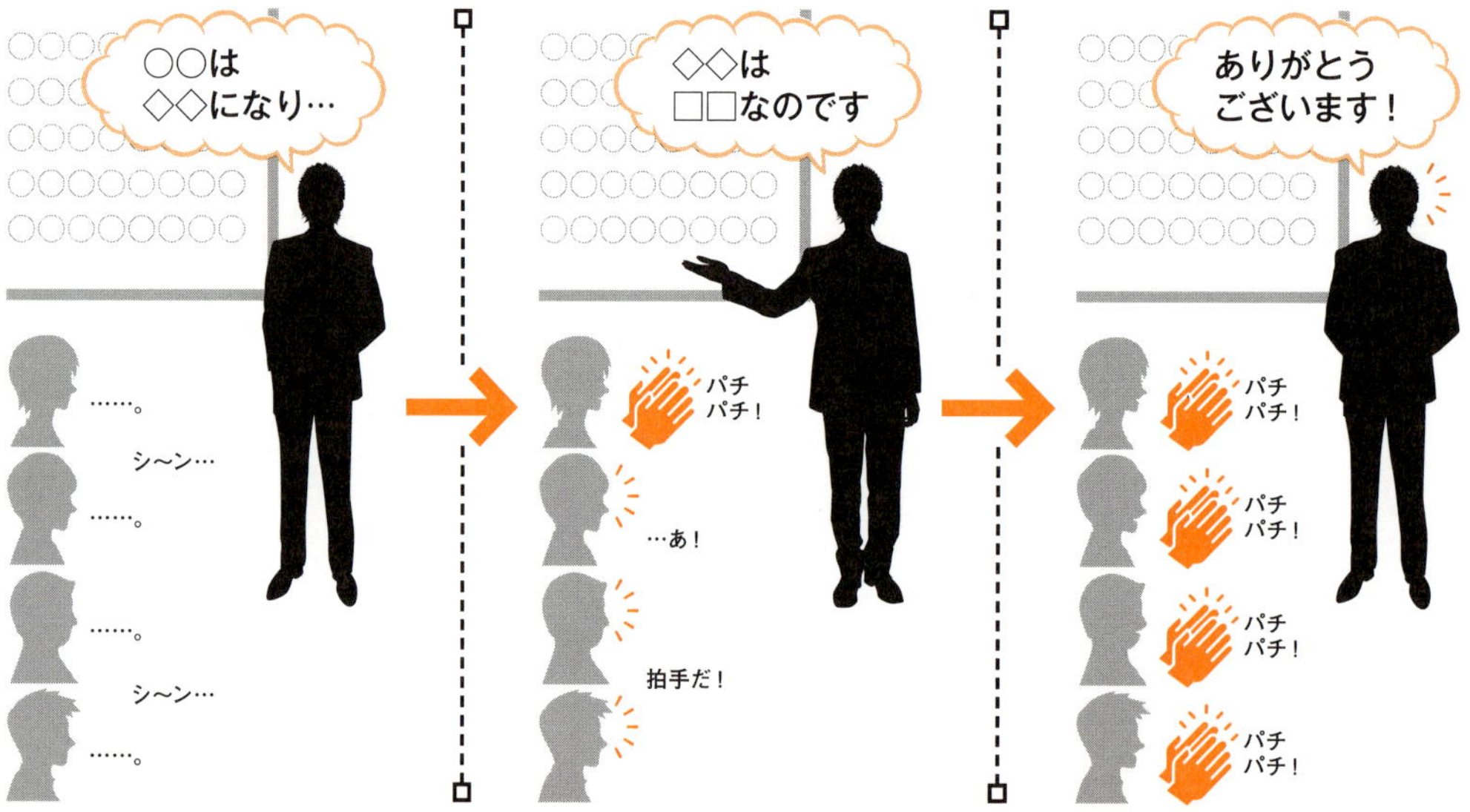
○○は
◇◇になり…
……。
シ〜ン…
……。
……。
シ〜ン…
……。
◇◇は
□□なのです
パチ
パチ!
…あ!
拍手だ!
ありがとう
ございます!
パチ
パチ!
パチ
パチ!
パチ
パチ!
パチ
パチ!

誰かの拍手につられて、会場全体に拍手が広がる

「笑っていいとも!」に学ぶ、観客との距離の縮め方

Learn TV style!

バラエティー番組では、スタジオに観客を入れて、放送する場合があります。2014年3月まで31年半続いた「笑っていいとも!」(フジテレビ)などは、その代表格です。

笑い声や拍手で番組を盛り上げるのが目的ですが、そのために、番組の前に「この合図で思いっきり笑ってください」「この合図で拍手をしてください」などと、笑いや拍手の練習をします。いわゆる「前説《まえせつ》」です。

わざわざ観客を入れる理由のひとつは、お笑い芸人もタレントも、目の前で誰かに笑ってもらったほうが、演じやすいからです。

もうひとつは、テレビの前の視聴者にも笑ってほしいので、スタジオの笑い声や拍手で、「ここが笑いどころ」ということを、言外にアピールするためです。

面識のない人たちも味方につける

プロでさえ笑い声や拍手が欲しいのですから、素人が静まりかえった会場でプレゼンをするのは、至難の業。**プレゼンを成功させるためには、自分を乗せてくれる存在が必要**です。

プレゼンでも、拍手や笑い声が起これば、参加者は好意的な感想を持つはずですし、プレゼンター本人が自信を持てます。

そこで、プレゼンを成功に導くために、**拍手のきっかけ役、つまり〝サクラ役〟を用意します。**

身内がいない場所でも、面識のある方がいたら、ダメでもともと、思いきってお願いしてみる価値はあります。

取引実績がない場合でも、〝味方〟をつくる裏ワザがあります。

プレゼンに関する質問などを**メールや電話で何度かしていると、そのうち、担当者と顔見知りならぬ〝声見知り〟になれます。**

当日、「電話では何度もお話ししていますが……」というあいさつから始めれば、初めて会話をするよりは、親密な距離感が培われているはずです。

伝える技術のレベルが劇的に変化する

必見の3-POINT

1. プレゼンで笑い声や拍手があれば、聴衆に好意的な感想を持ってもらえる
2. 笑いや拍手のきっかけをつくる、〝サクラ役〟を用意する
3. 身内や顔見知りがいなくても、〝サクラ役〟を作る努力をする

面識のない人も味方につける

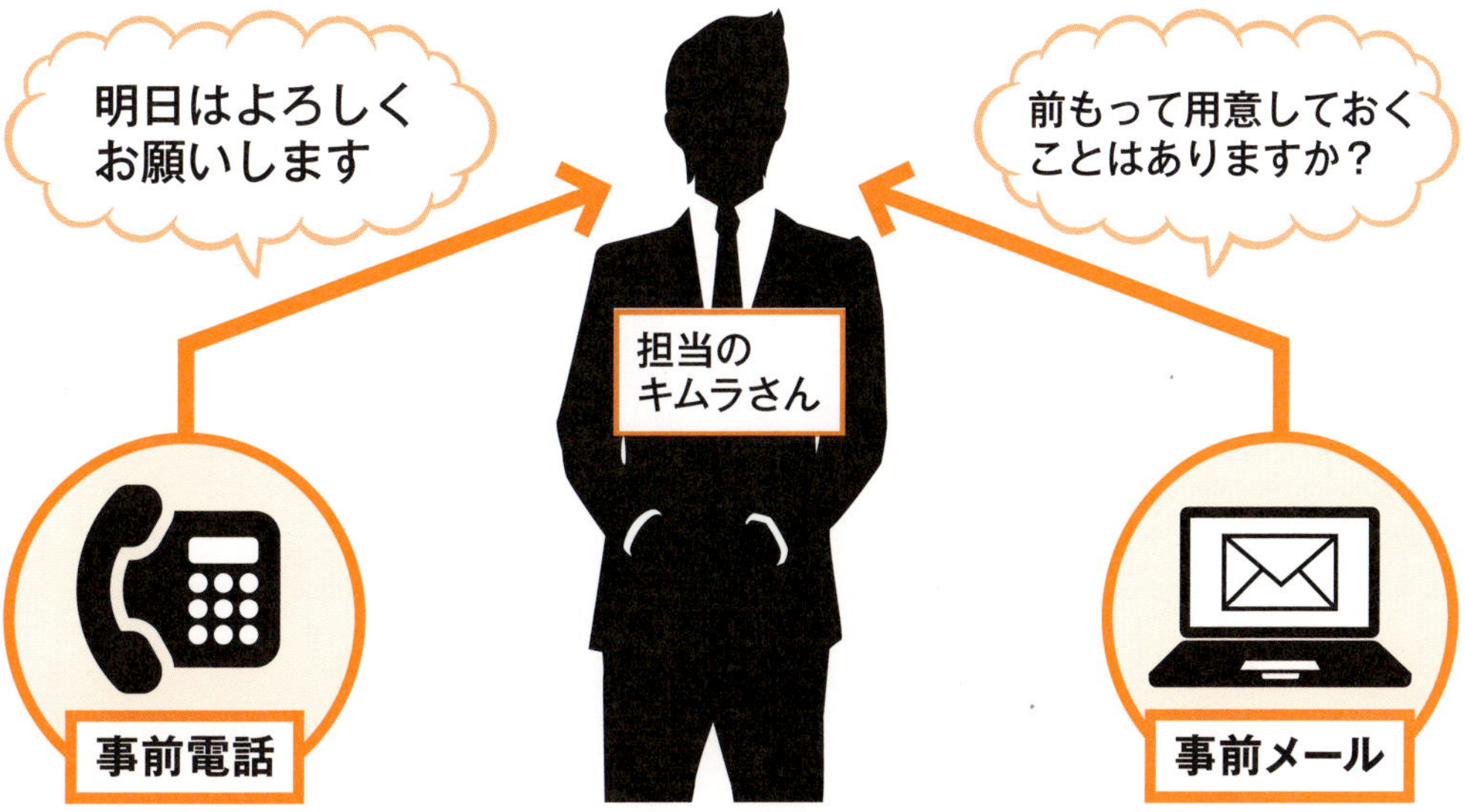
明日はよろしくお願いします
前もって用意しておくことはありますか？
担当のキムラさん
事前電話
事前メール

プレゼン時に初対面とならない人間関係をつくっておく

会場、聴衆、テーマなどを研究して服装を選ぶ

ニュースもプレゼンも、イメージは見た目で演出する

Learn TV style!

テレビに映っているリポーターの服装を見て、何のニュースなのか分かることがあります。

たとえば、スーツに報道の腕章なら事件の現場、華やかな衣装は有名人の結婚式……。

このように、テレビに登場する人は、**扱うテーマにふさわしい服装を選んでいます。**

キャスターは、話すことに信憑性がなくてはいけません。ですから、信頼を得るため、下図のように、知的に見える服装で登場します。

テレビのキャスターのように、プレゼンをカッコよく決めたいと思うのなら、まずは格好から入るのもひとつの手段です。

キャスター同様、プレゼンも**外見がいいほうが、相手から好印象を持たれ、目標を達成しやすくなります。**

服装で状況を伝える

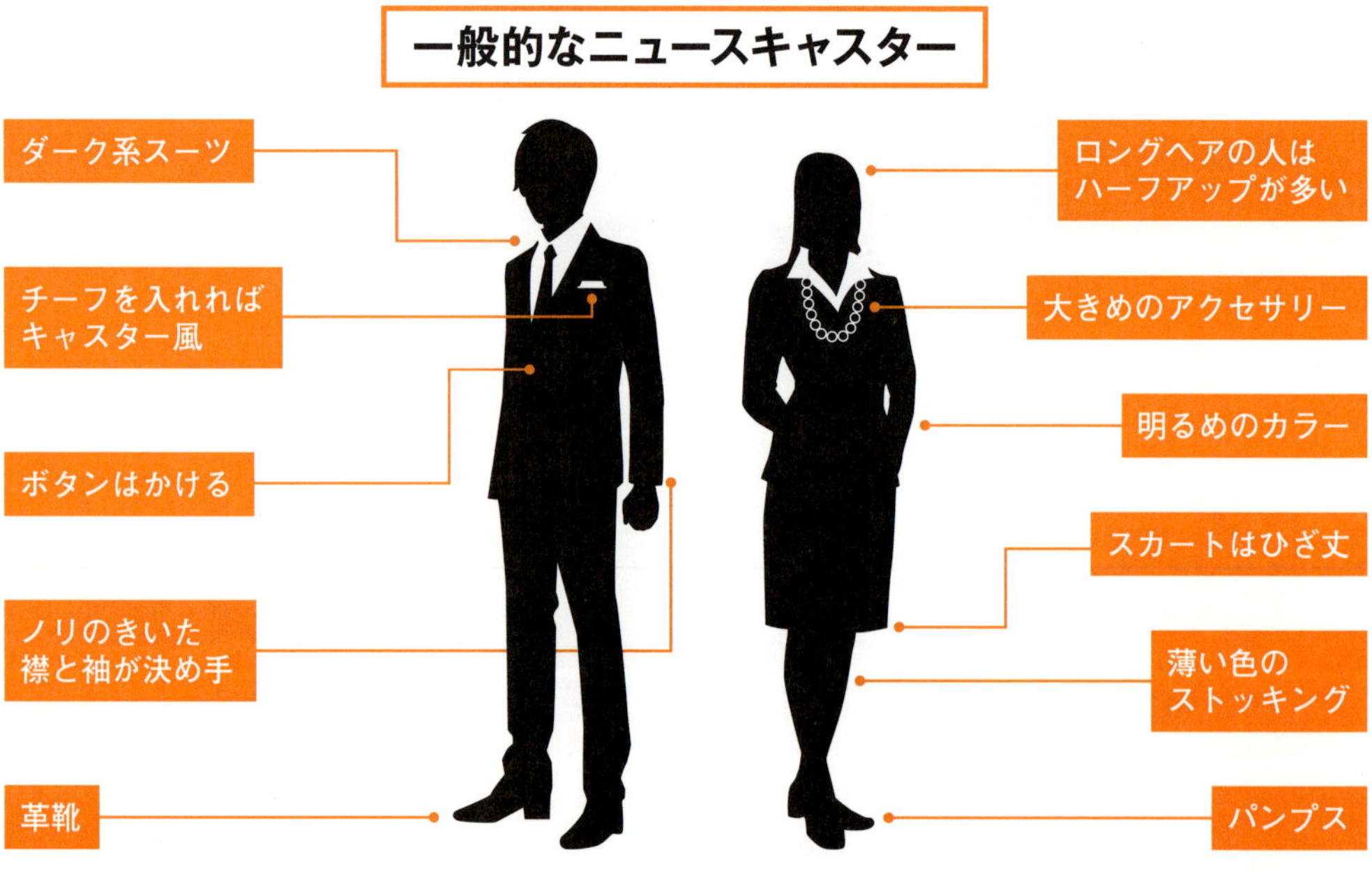
一般的なニュースキャスター
ダーク系スーツ
チーフを入れればキャスター風
ボタンはかける
ノリのきいた襟と袖が決め手
革靴
ロングヘアの人はハーフアップが多い
大きめのアクセサリー
明るめのカラー
スカートはひざ丈
薄い色のストッキング
パンプス

プレゼンでは背景も考慮する

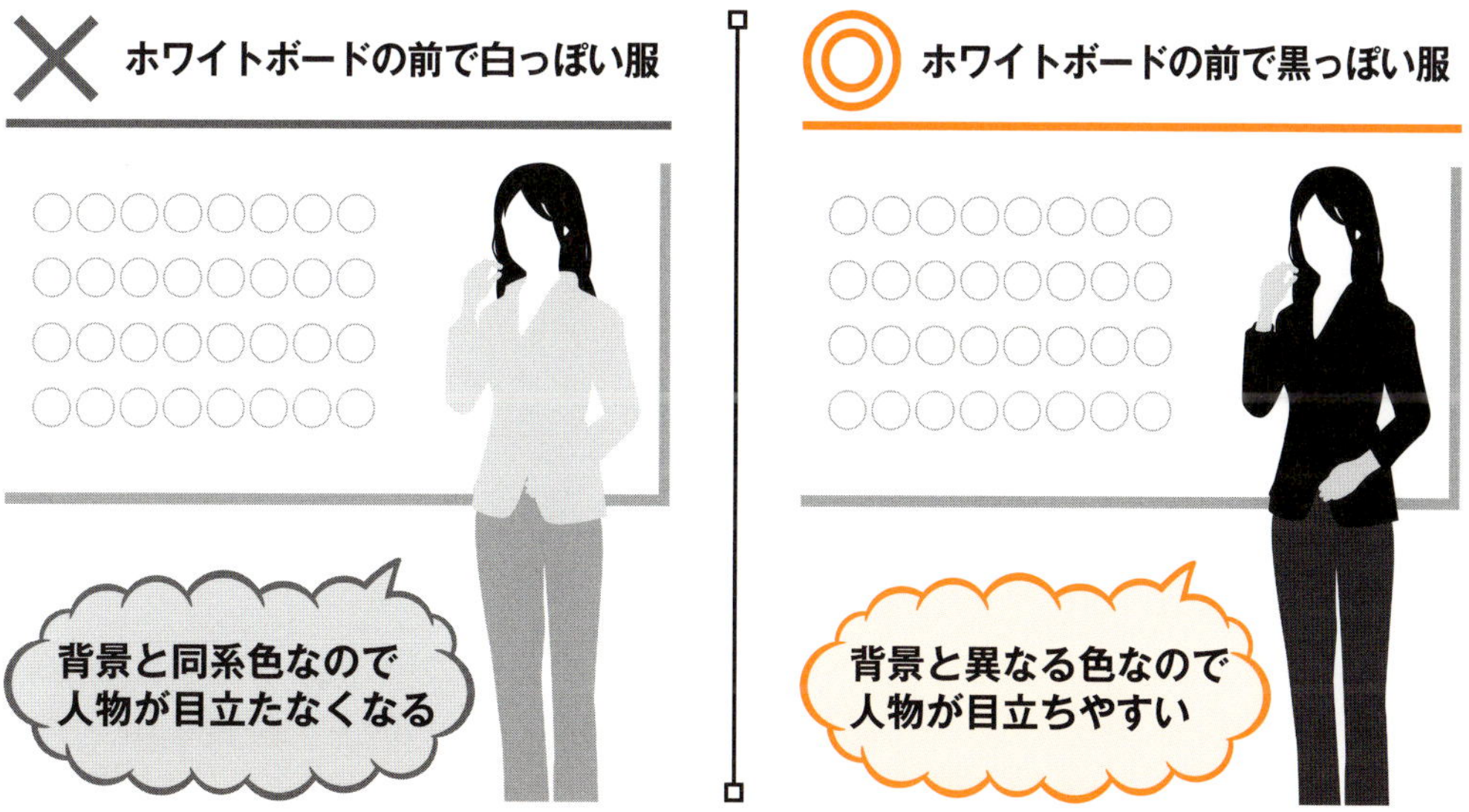
✕ ホワイトボードの前で白っぽい服
背景と同系色なので人物が目立たなくなる
◎ ホワイトボードの前で黒っぽい服
背景と異なる色なので人物が目立ちやすい

会場、聴衆、テーマなどを研究して、見られたいイメージの服装を選ぶ

自分をくっきり見せるために、背景に同化しない服を選ぶ

キャスターは画面の中で、自分をくっきり見せるための工夫もしています。

天気予報などで、屋外の映像と人物を合成するシステムをクロマキーといいますが、そのスクリーンは青か緑です。その前に同じ色の服で立つと、透明人間のように身体の輪郭が同化してしまうので、そのシステムのときは、別の色の服を着ます。

プレゼンでも同様です。

プレゼン会場となる会議室やホールなどには、正面に黒板やホワイトボード、スクリーンが設置されていることが多いでしょう。

黒板を背にしてプレゼンをするのに、黒や深緑のスーツを着ていては、目立ちません。ホワイトボードやスクリーンの前で、白い洋服なのも同様です。

要は、その**プレゼンの会場、聴衆、テーマなどを研究して、服装を選ぶ**ということです。

「マジメ」や「おしとやか」など、その場で相手にどのように見られたいのか。**見られたいイメージは、服装で作ることができます。**

テレビから学べる「伝える技術」の
1ポイントアドバイス

どのように見せたいのか、会場や聴衆、テーマなどに合わせて、服装を選ぶ。

アシスタントが引き出す「そう、そこが知りたかった！」

掛け合い方式だと伝わりやすい

脳梗塞はどんな人がかかりやすいのですか？
多くの人が気になりそうなことを質問する
質問事項をまとめておく
司会者アシスタント役
一般的には○○○○○や□□□□□と言われて…
質問形式だと伝わりやすい
プレゼンター

ひとりで延々としゃべり続けるよりも、ペースをつくって話すことができる

司会がベテランのキャスターでも局アナが必要な理由

「NEWS23」(TBS)などのニュース番組は、メインキャスターのほかに、サブキャスターがいます。曜日担当など、大勢が登場する番組もあります。

なぜ、テレビ番組には、アシスタント役が必要なのでしょう。

ベテラン司会者がひとりで仕切っていくのは簡単ですが、番組には掛け合いが必要です。

「それはどういう仕組みですか?」「いつから始まりますか?」と、アシスタント役が尋ねる内容は、実は視聴者の知りたいことを想定したものです。

司会者が一方的に説明するのではなく、**質問に答えるスタイルのほうが、内容が伝わりやすい**のでしょう。

「視聴者が分からないであろう」と予想されることを自然に引き出して伝えるために、アシスタント役は、なくてはならない存在なのです。

Q&Aスタイルでプレゼンの台本を書いてみる

「そもそも話すのが得意ではない」という方は、アシスタント役を置いてみてはどうでしょう。

協力者がいない場合は、主催者側にお願いして、司会者からいくつかの質問を投げかけてもらってもよいでしょう。

質問をもらったら、「それはいいご質問ですね」と返して、またプレゼンを続けます。

このような**掛け合いを入れることで、ひとりで延々と話し続けるよりも、ペースをつくって進めることができます。**

プレゼンの最後に「ご質問は？」と問いかけても、挙手して質問する人は稀です。

そこで、多くの人が気になりそうなことを、アシスタント役が代行で質問します。**こうやってあらかじめ疑問に答えておけば、その場で納得が得られる**でしょう。

ただし、アシスタント役を置く場合には、下図のように、**事前の準備が必要**です。

伝える技術のレベルが劇的に変化する

必見の3-POINT

1. 掛け合い方式なら、話すのが得意ではなくても、自分のペースで進められる
2. 掛け合い方式なら、より分かりやすく伝わる
3. 聴衆に代わって質問ができるので、その場で納得してもらって終われる

掛け合い方式プレゼンの注意点

① 主催者側の承諾を得る

「プレゼンターは1名」という条件の場合もある

1名

② 事前に綿密に打ち合わせておく

その場で聴衆に納得してもらえる**質問内容と答え方**を考えておく

③ タイムロスに気をつける

制限時間を超えないように、**時間配分を決めておく**

発言者が増えると、タイムロスが生じやすくなる

COLUMN_02

Learn TV style presentation!

櫻井翔さんのニュースの読み方をお手本にしよう！

テレビ関係の仕事をしていると、「一番うまいアナウンサー、お手本にするといいキャスターは誰ですか？」と尋ねられることが多いですが、私は「嵐の櫻井翔さん」と即答しています。ご存じ「NEWS ZERO」の曜日キャスターです。彼が担当する特集コーナーはかなり長い上、縦長の画面とともに全身が映っています。それでも一貫して、正面つまりカメラを見据えています。正面を見ている人は堂々と見えて信頼がおけるのです。

逆にバラエティー番組を見ていて出演者が“ああ、カンペを読んでいるな”と気づいてしまうことがありませんか。カメラがスタジオ内を映したら、スケッチブックを持ったディレクターが文字を見せていることもおなじみです。

このカンペが問題で、文字が横に書かれているから横に読み上げてしまうのです。すると、眼球が目の中で左右に動く。だから、視聴者にも分かってしまうわけです。

櫻井さんをはじめニュースを読むキャスターの目は横に動くことはありません。原稿はカメラレンズに映し出し、それを読み上げるので目は正面のカメラを見ています。カンペにあたるこの機械はプロンプター（通称・プロンプ）と呼ばれますが、原稿が縦書きになっています。

人間の目は横長です。眼球が振れる方向は、確実に横方向より縦方向のほうが目立ちません。つまり、ニュースを伝える人は目が動いていないわけではなく、振れ幅が小さいだけなのです。

ちなみに一般的なニュースでは、冒頭で概要を紹介するリードという部分だけプロンプを使って原稿を読みます。そこから先は、事件の現場などの映像に切り替わるため、アナウンサーが手元の原稿に目を落として読んでも映らないからです。

プレゼンの場合、縦書きした紙をサポート役に掲げてもらいます。最初から最後まで縦書きカンペを使うと、棒読みになってしまいます。使うなら、絶対に間違えられない用語など、シーンを限定して使ってみてください。

Part 03

テレビに学ぶ

1000万人に伝わる

「演出」のワザ

Learn TV style presentation!

Learn TV style presentation!

13

Part 03

テレビに学ぶ 1000万人に伝わる「演出」のワザ

「テーマカラー」を持てば、いつでも思い起こしてもらえる

「色」でイメージを思い起こす

「黄色」なら…
24
24時間テレビ
(日本テレビ)
「黒」と「オレンジ」なら…
GIANTS
読売巨人軍
「白」なら…
勝ち
「赤」と「黄色」なら…
マクドナルド
「黒」と「黄色」なら…
TIGERS
阪神タイガース
「黒」なら…
負け

「色」には、イメージや意味を持たせることができる

「24時間テレビ」「笑点」に学ぶブランディングの基本

Learn TV style!

番組出演者全員が黄色いTシャツを着ていたら、「24時間テレビ」(日本テレビ)だと思うでしょう。黒、緑、オレンジ色の縦縞があったら、「笑点」(日本テレビ)です。

このように、テレビをつけた瞬間に、**「あの番組だ」と直感してもらうために、テレビ番組では、テーマカラーに力を入れています。**

日本テレビの藤井貴彦アナウンサーは、担当番組が「ズームイン!! サタデー」から「news every.」に変わってすぐ、「ズームサタの人だ」「いや、ピンクのニュースの人だよ」と子どもたちが話しているのを聞いたそうです(「news every.」は番組カラーがピンク)。

番組のカラーだけではなく、黒とオレンジ色は読売巨人軍、黒と黄が阪神タイガース、白は勝ち、黒は負け……テレビでは、**一目瞭然**

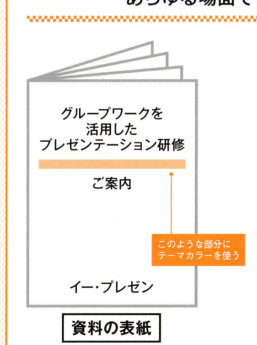

で情報が分かるよう、随所で色に意味を持たせて表示しています。

テーマカラーを決め、小道具や服装をその色に合わせる

プレゼンでも、テーマカラーを持つことは非常に重要です。

自社のコーポレート・カラーがあれば、徹底します。たとえば、マクドナルドは赤と黄色という、あの色づかいです。

私は自社のロゴにオレンジ色を入れていますが、それに合わせて、日ごろからオレンジ色のものを身につけています。最近では、「オレンジ色を見ると、天野さんを思い出します」と言われるようになりました。

テーマカラーを使い続けるメリットは、**「私はこういう者で、こんなことをしています」という説明が不要になる**ことです。

私はプレゼン資料の表紙もオレンジ色ですが、使い続けることで、〝プレゼンの仕事をしている天野さんの資料だ〟と認識されるようになりました。

テーマカラーを持つことは、ブランディングにおける基本的かつ重要なポイントなのです。

テレビから学べる「伝える技術」の
1ポイントアドバイス

テーマカラーを持つことで、会社や自分をブランディングする。

Learn TV style!

あらゆる場面でテーマカラーを使う

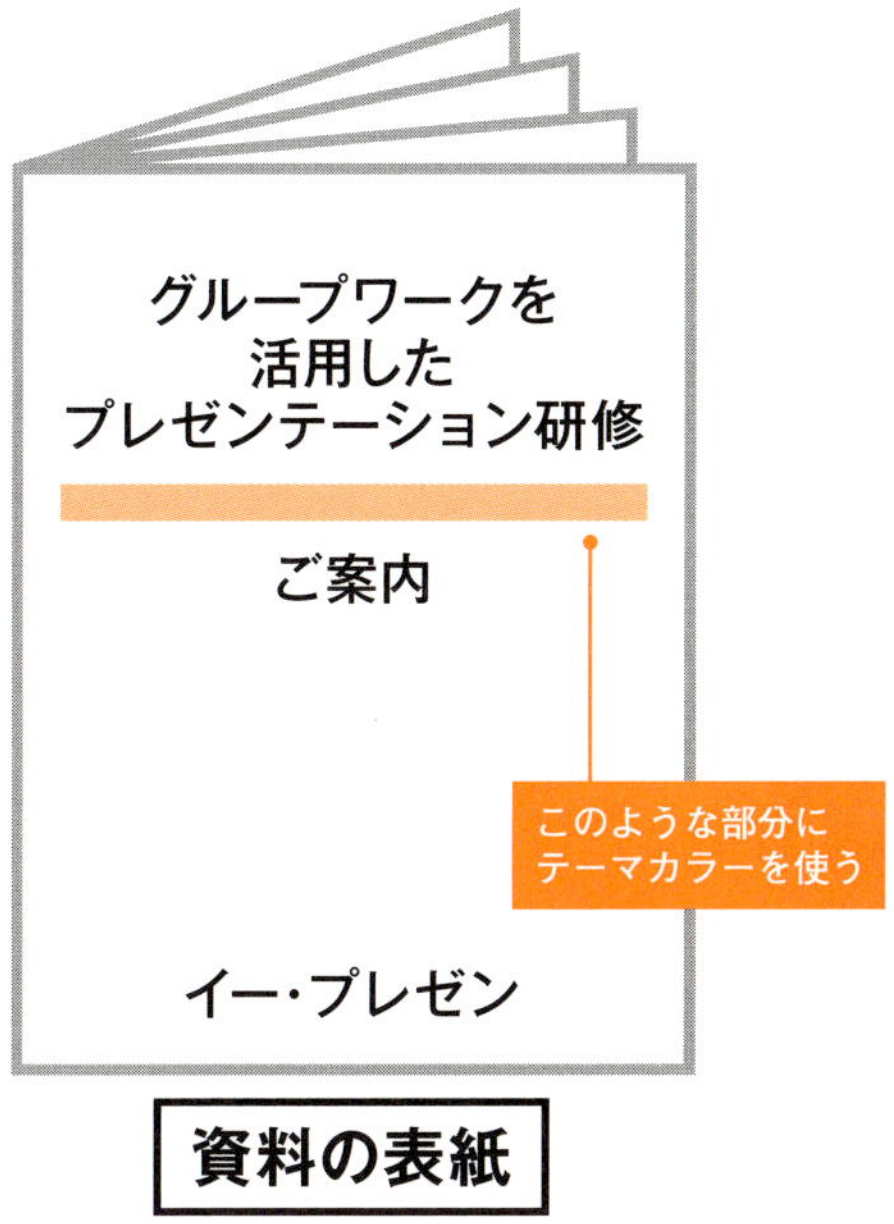
グループワークを
活用した
プレゼンテーション研修
ご案内
このような部分に
テーマカラーを使う
イー・プレゼン
資料の表紙

テーマカラーを使うと効果的なもの

- ペン
- ペンケース
- 名刺入れ
- 定期入れ
- IDホルダー
- 財布
- 付箋
- 手帳
- メガネ
- 時計
- バッグ
- クリアケース
- バインダー
- タンブラー
- デジカメケース
- iPad
- 携帯電話・スマホ

…など

パワーポイントやiPadではない、とっておきの小道具

「世界一受けたい授業！」の説明はなぜ分かりやすい？

Learn TV style!

情報番組やニュース番組で、非常によく登場する小道具に、「パターン」があります。

司会者やキャスターが手に持って、事件の経緯などを説明するアレです。また、手書きができるスペースがあるパターンのことを、「フリップ」と呼びます。

「世界一受けたい授業！」（日本テレビ）などの**教育系バラエティー番組では、パターンはなくてはならないもの**です。

〝図解やグラフを〟〝パターンを使って〟〝手元で説明する〟から、「分かりやすい」のです。

テレビ局には、プロのCG技術があるのに、なぜこんなアナログツールを使うのでしょう。

それは、司会者＝プレゼンターが、自分の手元で操作できるという利便性があるからです。離れた場所から指示して映像などを切り

テレビで「パターン」が使われる理由

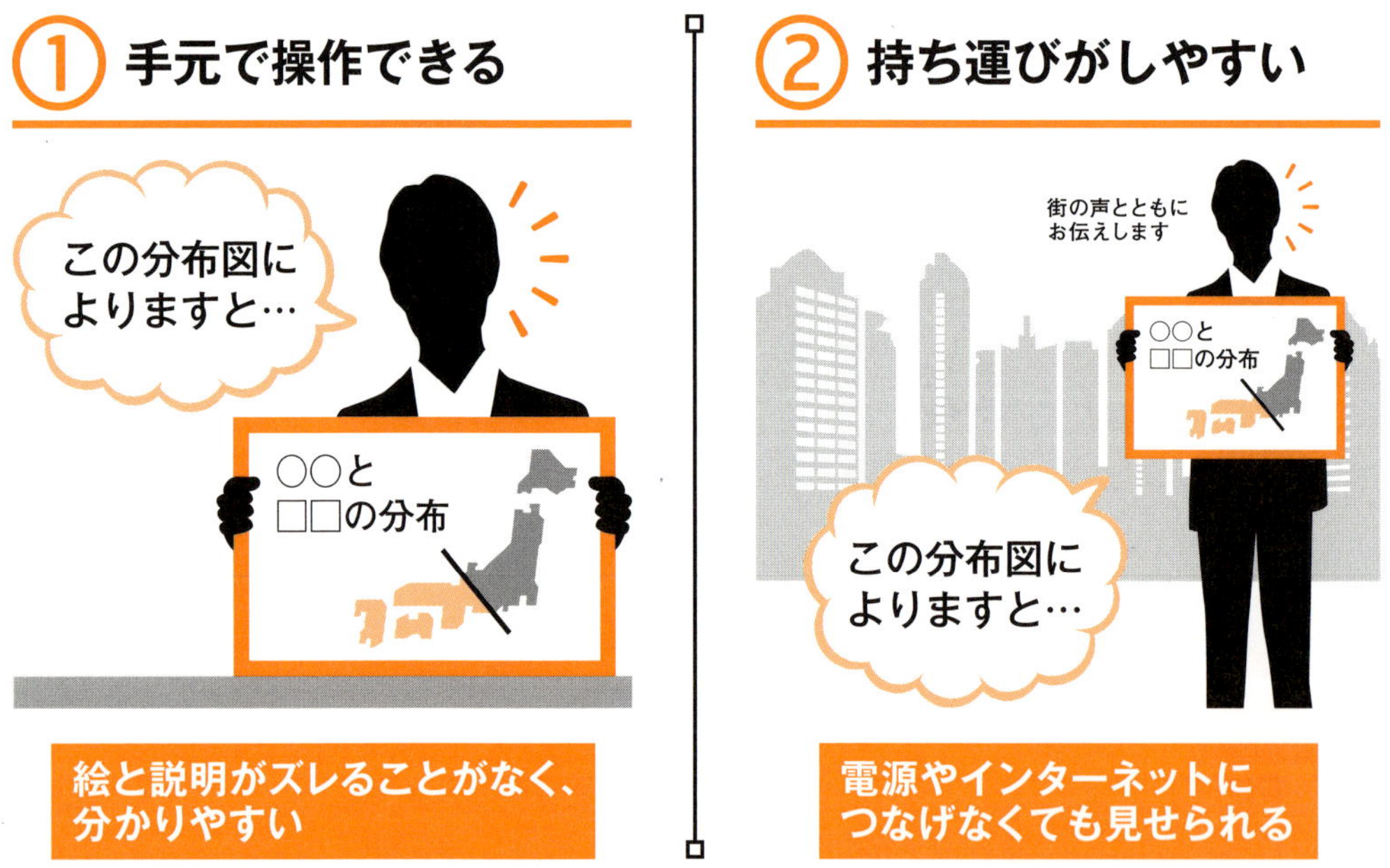
①手元で操作できる
この分布図によりますと…
○○と□□の分布
絵と説明がズレることがなく、分かりやすい
②持ち運びがしやすい
街の声とともにお伝えします
○○と□□の分布
この分布図によりますと…
電源やインターネットにつなげなくても見せられる

「パターン」の作り方

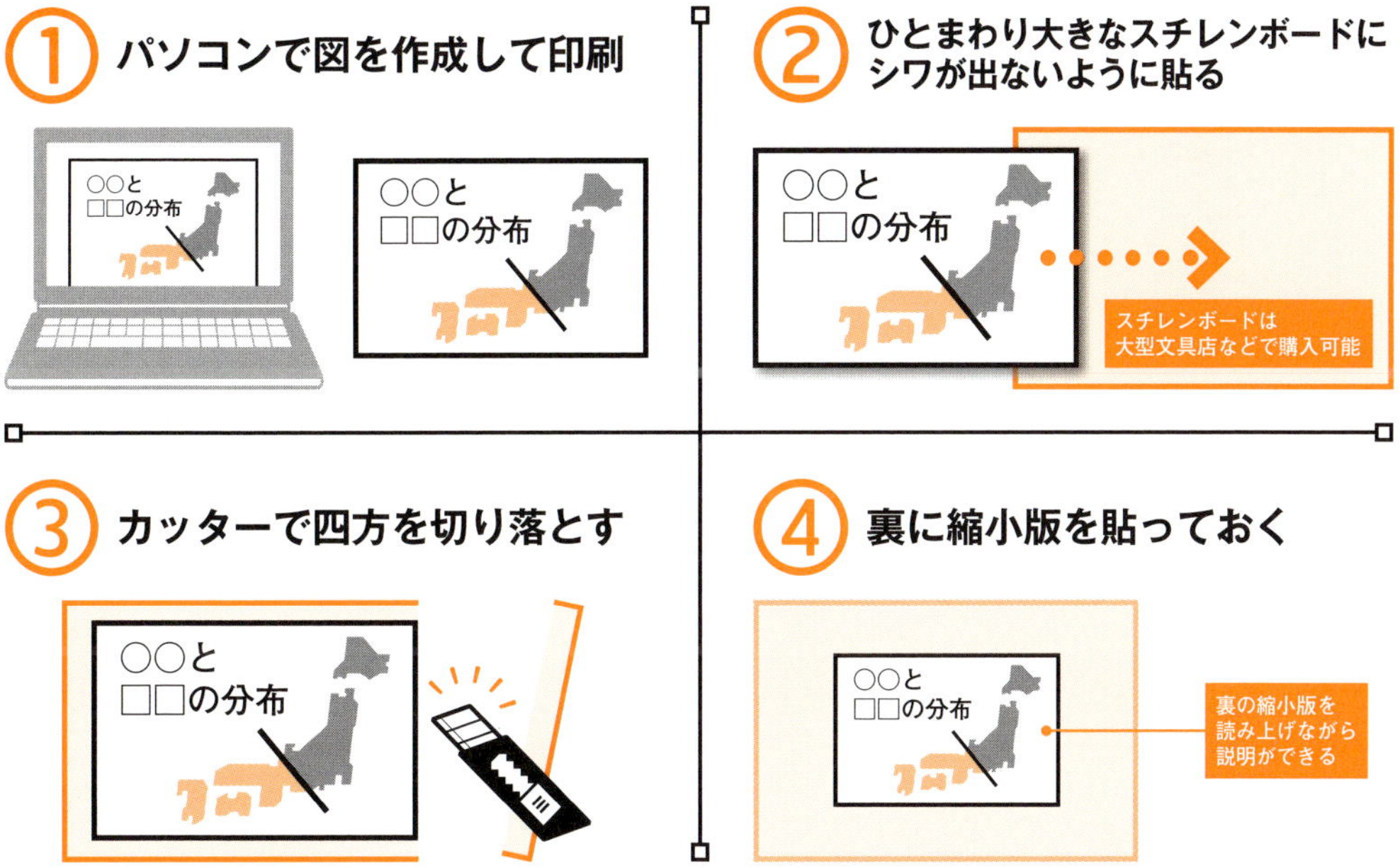
① パソコンで図を作成して印刷
○○と
□□の分布
○○と
□□の分布
② ひとまわり大きなスチレンボードにシワが出ないように貼る
○○と
□□の分布
スチレンボードは
大型文具店などで購入可能
③ カッターで四方を切り落とす
○○と
□□の分布
④ 裏に縮小版を貼っておく
○○と
□□の分布
裏の縮小版を
読み上げながら
説明ができる

伝える技術のレベルが劇的に変化する

必見の3-POINT

① **パターンを使う人は少ないので、強烈な印象を残せる**

② **パターンを使えば、説明と図がズレることがないので、スムーズで分かりやすい**

③ **パターンを使って説明するのは、対面プレゼンで非常に効果的**

替えるより、**説明に合わせて手元で操作すれば、説明と絵がズレることがありません。**

もうひとつの理由は、パターンは小さくて軽いうえに、電源やインターネット環境がない、野外などでも使えるからです。

スライドや配布資料で見せていたものをパターンにしてみる

プレゼンは、スライドなどを見せるもの、資料は配っておくものという思い込みがあるのか、プレゼンでパターンを見ることは、ほとんどありません。

逆にいえば、**今、パターンで見せれば、珍しさから強烈な印象を残すことができる**はずです。

私が、ある大手企業で管理職昇進試験の受験指導をしたとき、30人ほどの受験者に、「数字をグラフ化したパターンを持ち込んで、面接官の目の前で見せると効果的です」と教えました。

後日、結果を聞いてみると、ただひとり合格したのは、言われたとおりにパターンを作って面接に持ち込んだ人でした。

パターンは、対面プレゼンに用いると、非常に効果的です。

「めくりフリップ」は手品のように相手を惹きつける

「めくりフリップ」を使うメリット

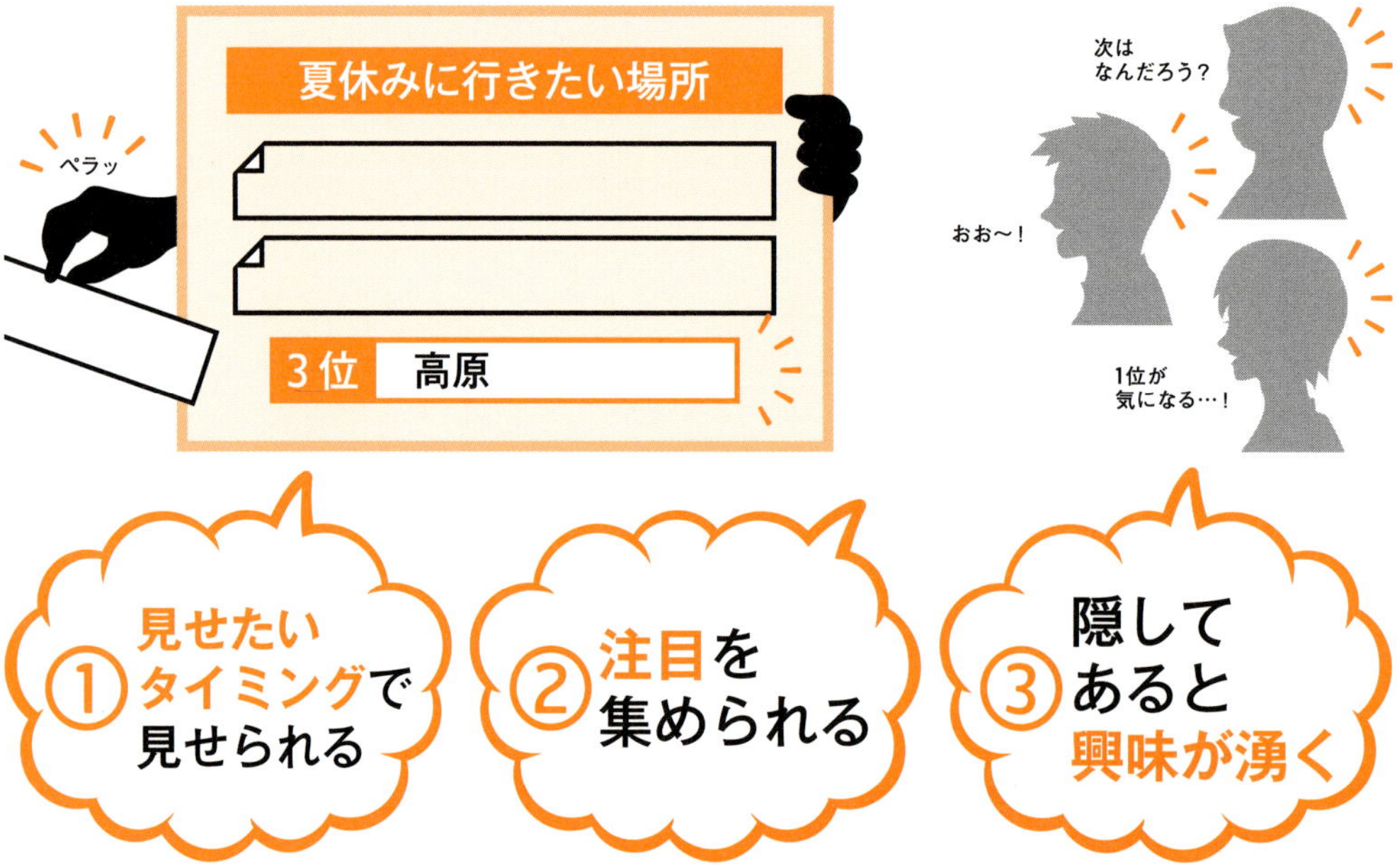
夏休みに行きたい場所
ペラッ
3位 高原
次は なんだろう？
おお～！
1位が 気になる…！
①見せたいタイミングで見せられる
②注目を集められる
③隠してあると興味が湧く

宮根誠司さんに学ぶ、視聴者を手のひらに乗せる技術

Learn TV style!

テレビ以外でお目にかかったことがないプレゼンツールに、「めくりフリップ」があります。「ミヤネ屋」（日本テレビ系）で、宮根誠司さんが、口上とともに1枚1枚めくって、下に隠れた文字を出していた、あの説明ボードです。

たとえば、「カロリーの低い食品ベスト3」を紹介するときに、事前に情報を隠しておき、まず3位の食品名の上に貼ってある紙をめくって、答えを見せます。次は、2位をめくります……。

そうやって徐々に情報を見せていくと、興味と期待で視聴者を引っ張り、番組を見続けてもらえるでしょう。

めくりフリップには、次のようなメリットがあります。

・見せたいタイミングで見せられる

- **注目を集められる**
- **隠してあると興味が湧く**

私もときどき、めくりフリップでプレゼンをしますが、ただ紙をめくるだけなのに、「おぉ〜」などと、どよめきが起こります。

めくりながら、自分のペースでプレゼンを進める

プレゼンでは、「この説明のときに、この図に注目してほしい」「このタイミングで、これを読んでほしい」と思っていても、資料を事前に配布すると、先まで読み進めてしまう人がいます。

それを避け、プレゼンで**自分のペースを保つためにも、めくりフリップは効果的**です。

また、プレゼン内容に自信がない場合は、こういう**見かけの目新しさで、アッと言わせることも戦略のひとつ**です。

本格的なものでなくても、大判の付箋やカバーテープを使えば、簡単にめくりフリップが作れます。

ただし、**めくる場所は3か所までにとどめましょう。**なぜなら、それ以上あると、めくり忘れの心配も出てくるからです。

テレビから学べる「伝える技術」の
1ポイントアドバイス

情報を伏せておくことで、興味と期待を持たせ、アッと言わせられる。

Learn TV style!

「めくりフリップ」の作り方

① まずは「パターン」を作る

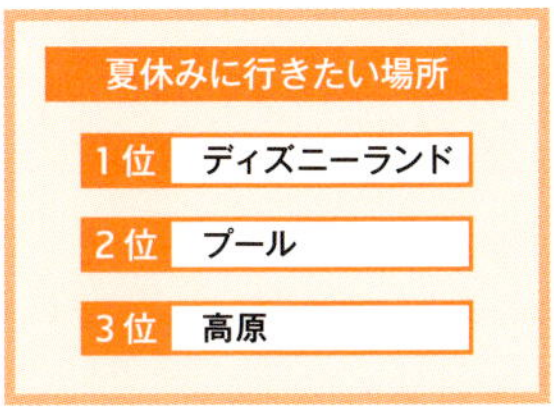
夏休みに行きたい場所
1位 ディズニーランド
2位 プール
3位 高原

41ページの図と同じように「パターン」を作る

ボードに印刷した紙を貼る

② 上から覆う紙にのり付けをする

スプレーのり

覆う紙は隠す部分よりもひとまわり大きく

上から覆う紙の裏に**スプレーのり**を吹きつける

③ 隠したい部分に紙を貼り付ける

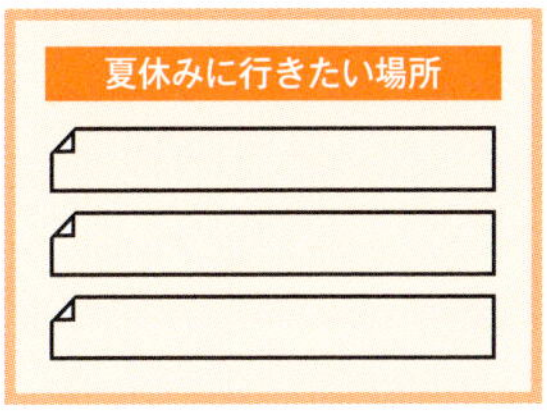
夏休みに行きたい場所

左上を小さく折り返しておくとめくりやすい

上から覆う部分は周囲と同じ色や柄の紙で！

のりが乾いたら、下の文字などを**隠すように**貼る

視聴者はなぜテロップに目を奪われるのか?

本当に見せたいものは「出すタイミング」が肝心

Learn TV style!

文字が上から落ちてきたり、じわーっと浮かび上がったり、テレビの「テロップ（字幕）」は、さまざまな効果をつけられます。

また、同じ画面に、時間差で順々に文字を出していくことを、「テイク出し」といいます。

なぜ、順々に出すかというと、**最初から全部を出しておくと、途中に驚きがなく、最後まで視聴者の興味を引っ張れないから**です。

「テイク出し」は、タイミングをはかって、効果的に行う

プレゼンでも、**ビジュアルは、相手に見てほしいタイミングで出さなければなりません。**

スライドで見せるなら、パワーポイントが便利です。文字や図形にも動きをつけられるので、簡単

説明に合わせて、文字を出す理由

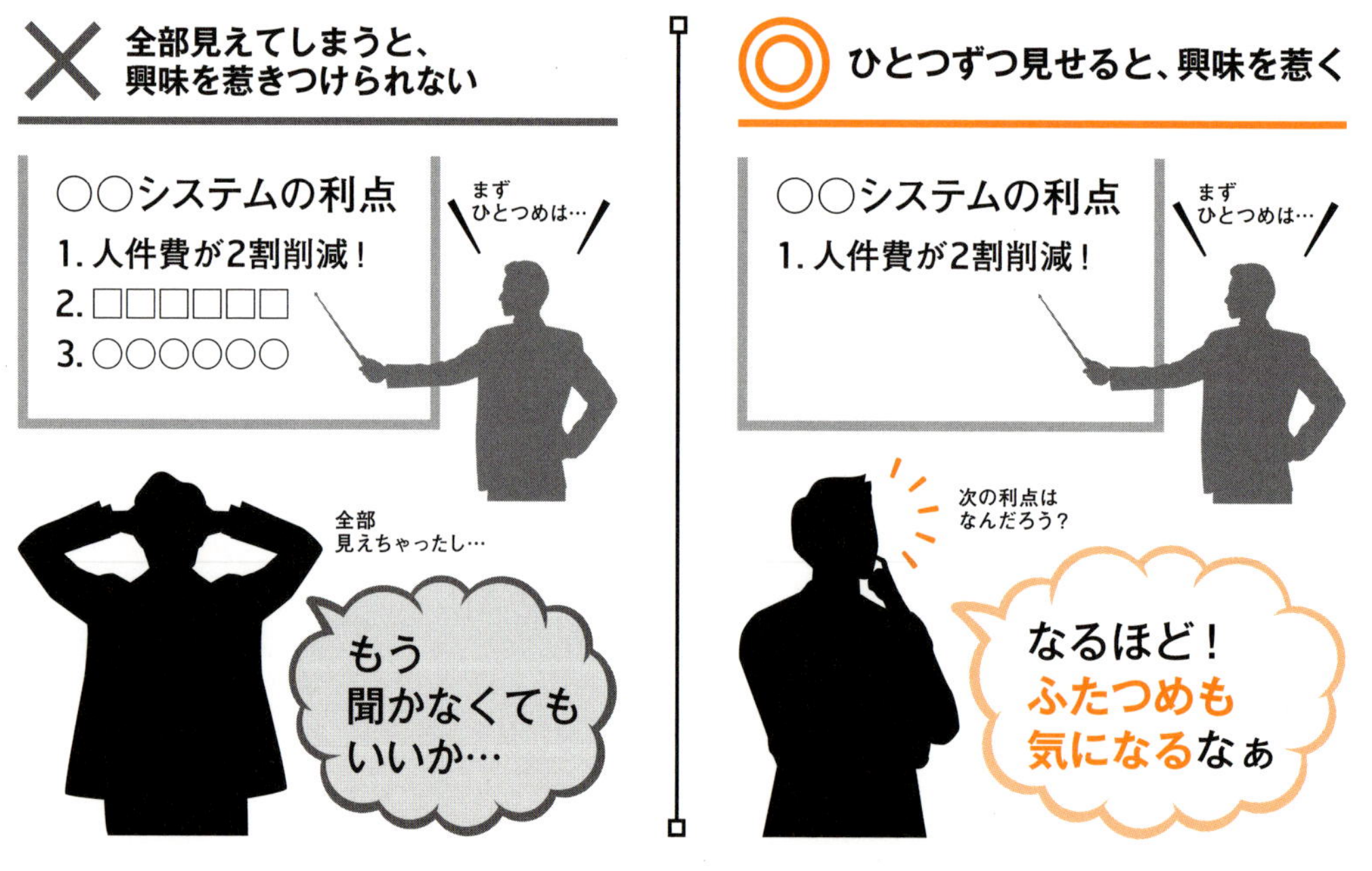

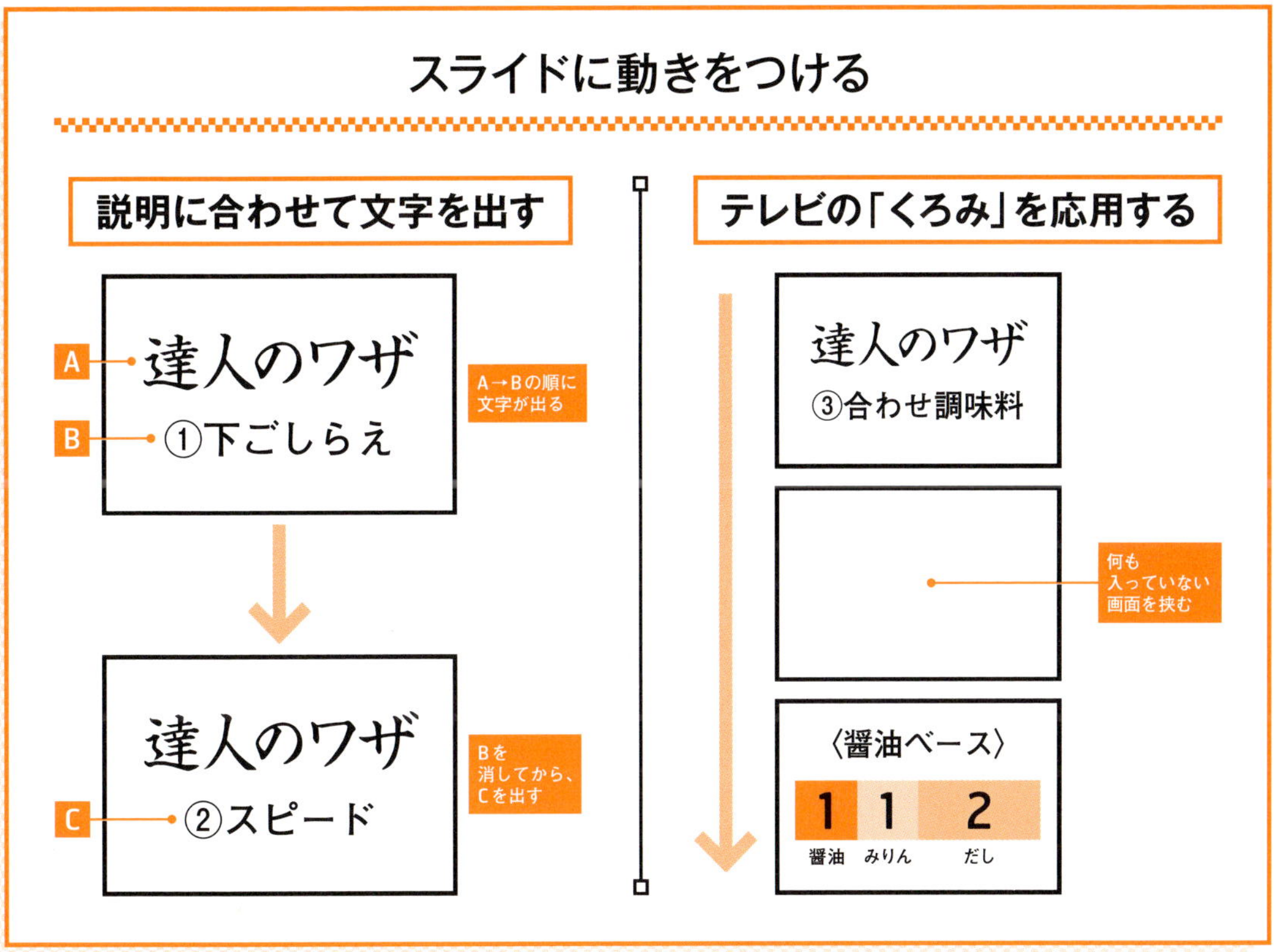
スライドに動きをつける
説明に合わせて文字を出す
A
達人のワザ
B
①下ごしらえ
A→Bの順に文字が出る
達人のワザ
C
②スピード
Bを消してから、Cを出す
テレビの「くろみ」を応用する
達人のワザ
③合わせ調味料
何も入っていない画面を挟む
〈醤油ベース〉
1 1 2
醤油 みりん だし

にテレビテロップのテイク出しのような効果が得られます。

ただし、パワーポイントを用いた「テイク出し」には、気をつけたい点もあります。

①効果をつけすぎない

説明しながら、パソコンを操作するのは、簡単ではありません。効果が多いと混乱しますし、ところどころ**ピンポイントで動きがつくから目立つ**のです。

②前の文字を消し忘れない

前の文字が残っていると、画面が文字でいっぱいになってしまうことがあります。**不要になった文字を消してから次を出す**と、注目されやすいでしょう。

③「くろみ」を挟む

テレビでは、間違って次の文字を出してしまわないよう、「くろみ」という、文字が何も載っていない画面を間に挟むことがあります。これを応用して、説明に画面を使わないときは、「くろみ」を入れておけば、ページを出し間違えることがありません。

「テイク出し」は、あくまで、アイキャッチのために、ポイントで使うものです。それにとらわれすぎて、**本来伝えるべきことがぼやけてしまわないように注意**しましょう。

伝える技術のレベルが劇的に変化する

必見の3-POINT

① 「テイク出し」で、文字に効果をつけて、興味を引く

② 効果が多いと、操作が多くなり、プレゼンターも混乱する

③ 「テイク出し」はポイントで使うからこそ、効果がある

17

Part 03

テレビに学ぶ 1000万人に伝わる「演出」のワザ

Learn TV style presentation!

ワイドショーには「マグネットパターン」が必須

シミュレーションしながら説明できる

テレビの場合

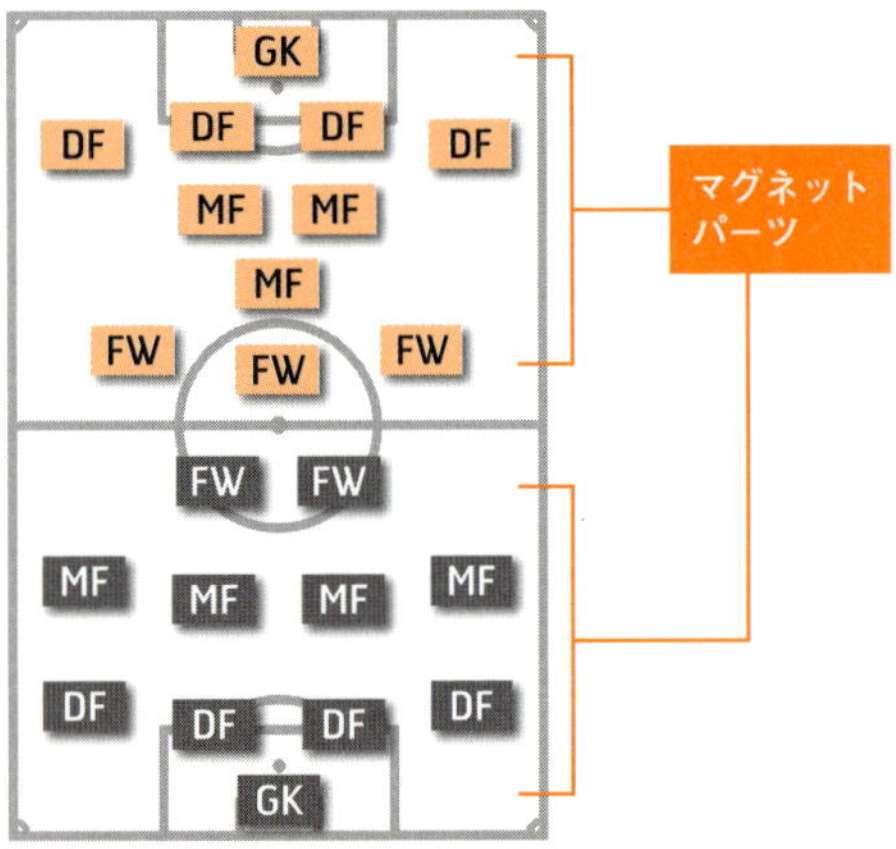

- 動きのあるスポーツのフォーメーション
- 事件、事故の経緯説明　など

プレゼンの場合

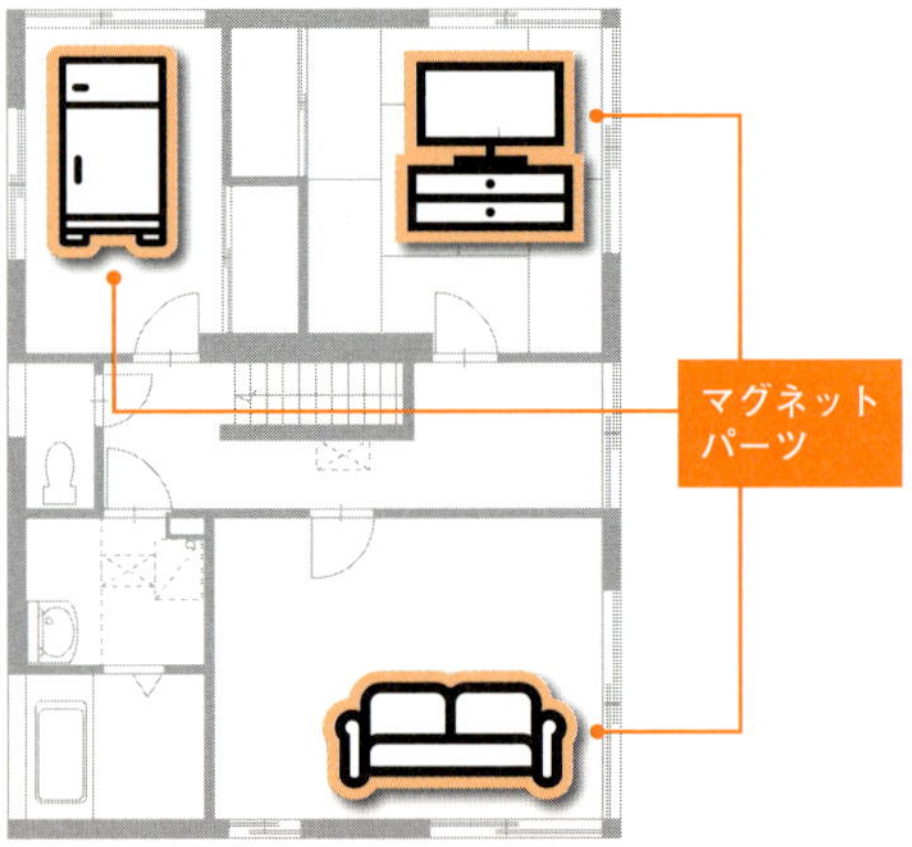

- ファッションのコーディネートの提案
- 家具やインテリアの提案　など

シミュレーションしながら説明できる便利ツール

Learn TV style!

テレビの解説で、しばしば使われるものに、「マグネットパターン」があります。

ワイドショーで、事件の経緯などを説明するときに、ベースの地図や間取り図の上で、人などの動きを説明するのに使われます。

また、囲碁や将棋の解説、サッカーのフォーメーションを説明するときなどにも登場します。

視聴者に見せながら動かすためにボードを立て、何度も動かすことができるのが、マグネット形式の魅力です。

めくりフリップは、基本的には一度めくったらおしまいですが、マグネットは何度でも使いまわすことができます。

また、何度でも貼ったりはがしたりできるので、**話の流れに合わせて、動きを変えることもできる**のです。

パーツを動かしながら、ビジュアルで説明する

マグネットパターンは、移動させるものなら、何にでも応用できますが、特にさまざまなパターンをシミュレーションするようなプレゼンで活躍します。

「これがAになると、こういう結果になります」などと、**パーツを動かしながら、ビジュアルで説明がつけられる**のです。

不動産やインテリア業界の方は、家具や家電製品のレイアウトをシミュレーションするのに最適です。ファッションのコーディネート提案などにも活用できます。

パソコンの画面でもパーツを移動することは簡単ですが、お客様と一緒にパーツをあれこれ動かしてみることで、**お客様もプランニングに参加でき、わくわく気分を味わっていただける**でしょう。

マグネットパターンは、パーツを印刷してボードに貼り、カッターでパーツの輪郭をカットします。裏にシート状のマグネットを貼れば、完成です。ただし、細かいものは切り抜きにくいので、○など図形の中に、イラストを入れることをおすすめします。

テレビから学べる「伝える技術」の
1ポイントアドバイス

マグネットパターンを使用すれば、何度も動かしながら説明できる。

Learn TV style!

お客様参加型のプレゼン

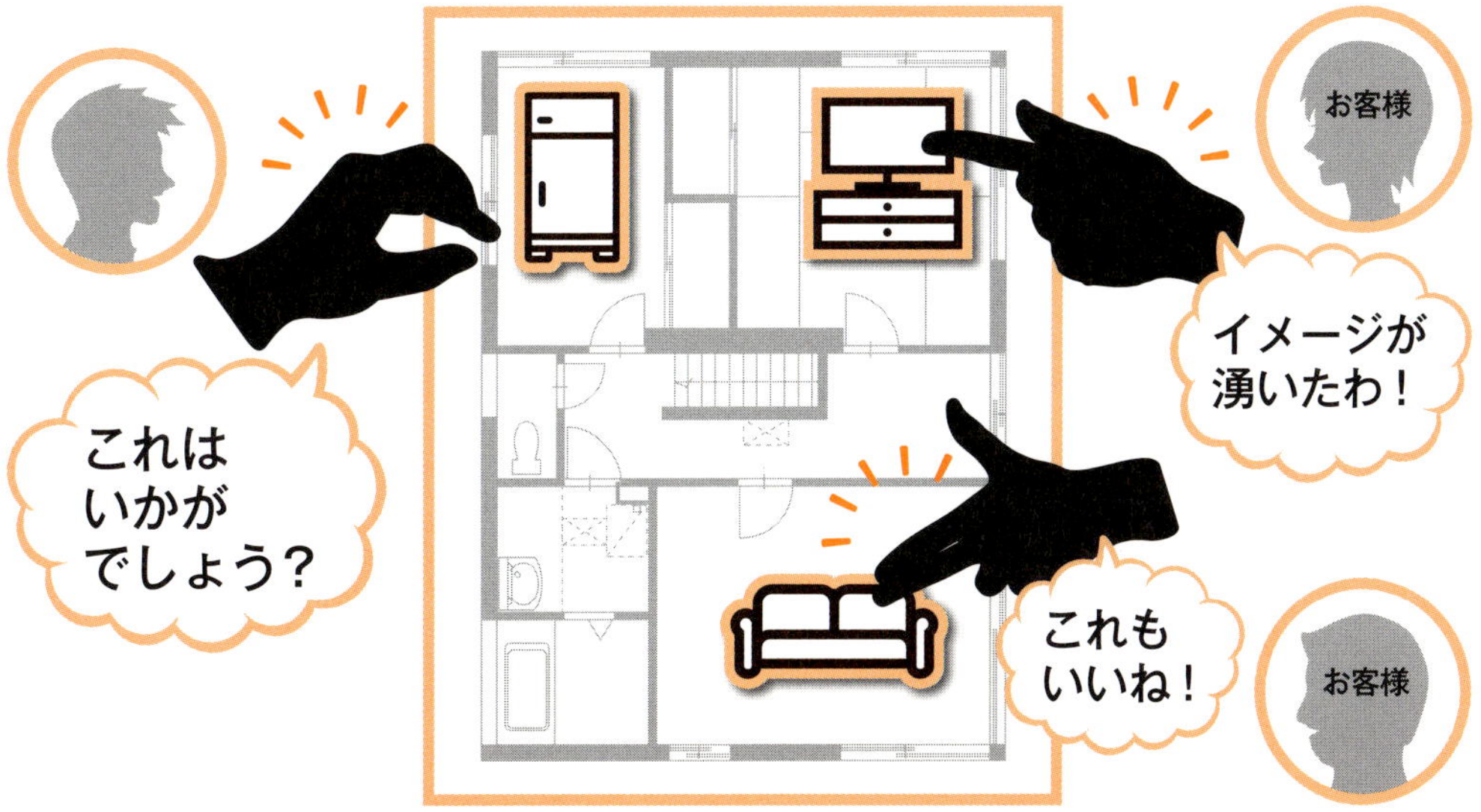
これは
いかが
でしょう？
お客様
イメージが
湧いたわ！
これも
いいね！
お客様

一緒にパーツを動かすことで、お客様もプランニングに参加しやすい

「密着」「舞台裏」「全部見せます」で共感を集める

プロセスをオープンに見せて、相手の信頼を得る

Learn TV style!

土日の午後には「〇〇（番組名）のウラ側全部見せます」といった番組が、よく放送されています。

テレビ番組の制作現場で、本編と並行して、撮影している最中や休憩時間などを、記録として撮っているものを「メーキング（映像）」と呼びます。

もともとは映画の記録用だったこれらを、視聴者に公開した先駆けは、ジャッキー・チェン監督でしょう。

必要なのは、撮影スタッフひとりくらいですが、編集次第では、オマケ番組がもう1本作れます。

「24時間テレビ」（日本テレビ）の長距離マラソン企画は、生放送の本番よりも、その過程が見えるメーキング番組のほうが、感動的に見えることもあります。

視聴者は、「ドキュメント」「裏側」「リアル感」に弱いのです。

プロセスを見せると共感を得られる

がんばるぞ！
絶対に走り抜くぞ！
もっと腕を振って！
がんばれ～！

視聴者は「ドキュメント」「裏側」「リアル感」に弱い

言葉だけではなく、ビジュアルでアピールする

「若手を育成」
若手に囲まれた写真など

「新規事業の立ち上げ」
何もないオフィスの写真や
会議の様子のスライドなど

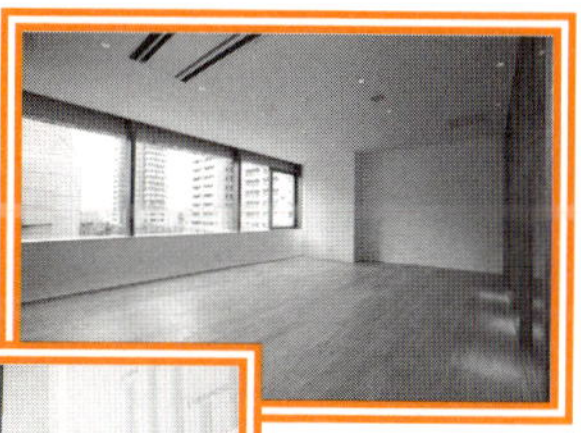

言葉だけでは伝わりにくいことも、写真や映像があれば伝わりやすい

苦労した仕事、がんばったプロジェクトをビジュアルでアピール

ある企業の業務成果発表会があったとき、事前レポートには、「責任者として、新規事業を立ち上げました」などと書いてあるのですが、社外の人間である私には、どんな事業が成功したのか、まったくイメージできませんでした。

新規事業なら、スタッフも備品もないころのオフィスや、事業がスタートしたあとの皆の笑顔……そういう写真があれば、このプレゼンで審査員に見せ、アピールするべきでしょう。

苦労した過程をビジュアルとともに説明して、特に効果があるのは、就職活動、昇進試験など、人物面を見られる審査のときです。

たとえば、「若手を育成した」とアピールするのならば、大勢の若者に囲まれた笑顔の写真があれば、説得力があります。

「がんばりました」という言葉だけでは伝わらないことを、写真や映像は実証してくれます。

といっても、写真や映像を撮っていなければ、どうしようもありません。**仕事を進める際には、写真や映像を記録しておきましょう。**

伝える技術のレベルが劇的に変化する
必見の3-POINT

1. 視聴者は「ドキュメント」や「裏側」「リアル感」に弱い
2. 具体的なイメージが浮かぶビジュアル要素を活用する
3. 仕事を進める際には、その過程の写真や映像を記録として撮影しておく

説明や図解よりもずっとリアルに伝わる「立体模型」演出術

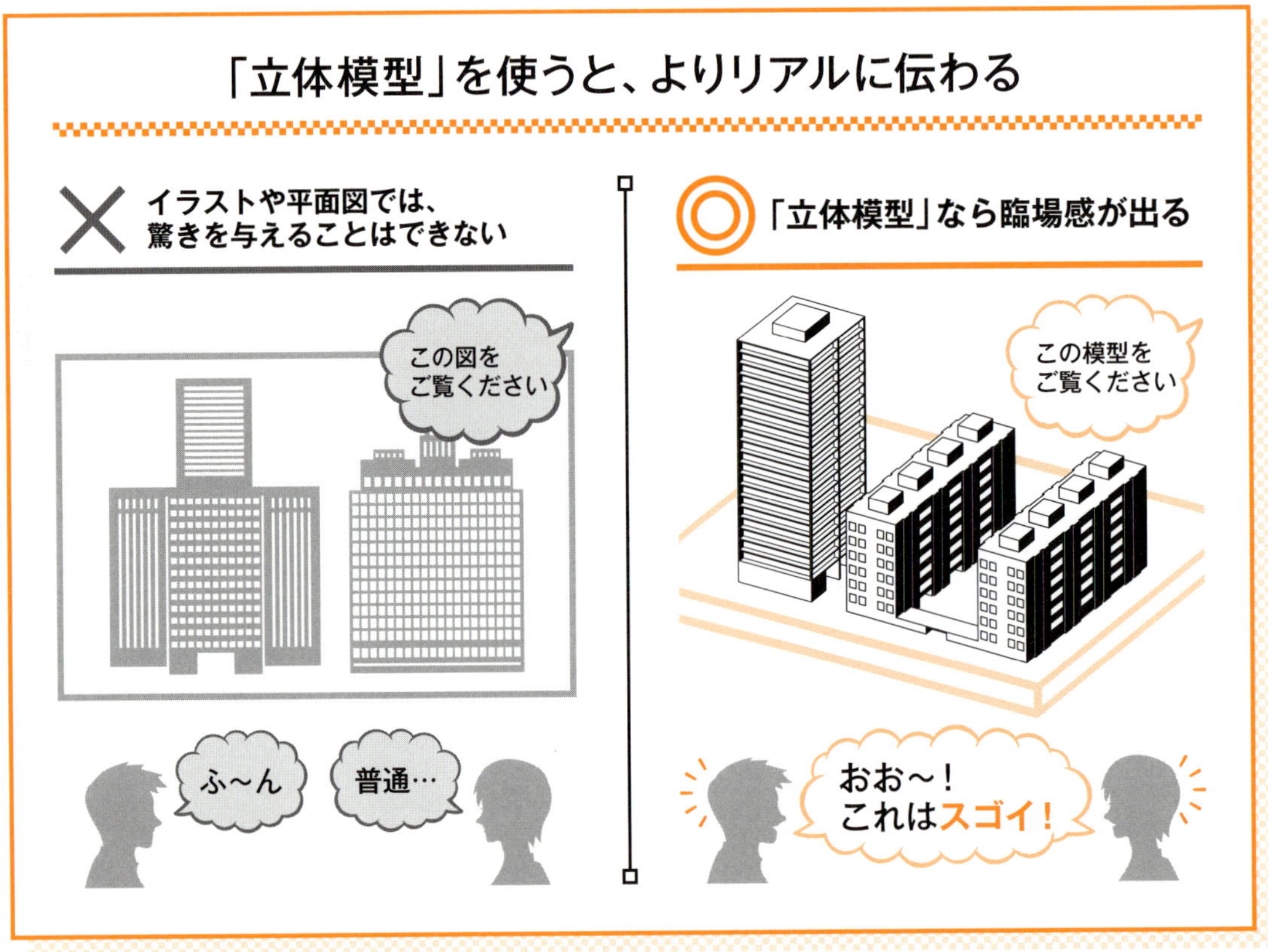

「劇的ビフォーアフター」に学ぶ、誰でもできる3Dプレゼン

Learn TV style!

テレビの情報番組やニュース番組では、事件や事故のときの状況を説明するために、室内や建物の立体模型を作って見せることがあります。

個室ビデオ店放火事件が起こったとき、TBSのニュース番組が、原寸大の模型、つまりセットを作って、状況を伝えていたのには驚きました。

「大改造!!劇的ビフォーアフター」（テレビ朝日系）では、問題のある家（ビフォー）の模型を作り、小型カメラでその内部を映すことで、**その場に立っているような臨場感**を出しています。

家の内部を撮影した映像だけでは、どのような間取りなのかがよく分かりませんが、模型と小型カメラを使えば、自分が小さくなって、模型の中に立っているような感覚になるのです。

3Dプレゼンは、一般人でもじゅうぶん実践できる

プレゼンは図版やイラストなど、視覚で伝えていくべきと書いてきましたが、それが立体的なものであれば、よりリアルに、さらに伝わりやすくなります。

立体模型は、誰でも制作可能です。文具や手芸の大型店などで、模型キットやドールハウスの材料などが売られているので、それらを利用するのもいいでしょう。

テレビ局の美術職志望の学生に、テレビ番組のセットの模型をフェルトや布で作り、面接に持参するよう、アドバイスをしたことがあります。彼女は見事、民放キー局の美術子会社に就職できました。

模型だけでなく、**平面のパターン(プレゼンボード)でも、垂直に「立てる」ことで、立体感を与えられます。**パターンを立てて見せると、プレゼンターが説明している間じゅう、聴衆に見せ続けることができます。

さらに、パターンを立てておくことで、プレゼンターの両手が自由になります。**手に持つ物が減らせれば、身振り手振りやアイコンタクトに集中できるのです。**

伝える技術のレベルが劇的に変化する

必見の③-POINT

① 立体模型を使えば、臨場感が出て、聴衆の驚きと興味を引き出せる

② 平面のパターンも、立てれば立体感が出せ、説明している間も、聴衆に見せ続けることができる

③ 手に持つ物が減れば、身振り手振り、アイコンタクトに集中できる

パターン(プレゼンボード)も立てて見せる

いつでも聴衆から見えている
○○ビルディングの構想について
こちらのビルのケースでは…
プレゼンターは両手が自由に使える
立てることで立体感を与えることができる

音やにおい、温度、質感……五感をフル活用しよう

ビールのCMに学ぶ「シズル」の見せ方

テレビやCMの世界では、しばしば「シズル」という言葉が使われます。

もとは英語で、肉を焼くときのジュージューという音をシズル(sizzle)というのですが、それが転じて、五感に訴え、新鮮さやおいしさを伝える手法を指します。**それを見るだけで、思わず食べたり飲んだりしたくなるような気分にさせる効果**のことです。

たとえば、水滴がついて、キンキンに冷えていることが伝わるビール、湯気が立ち上る鍋料理……。シズルを表現する方法はたくさんあります。

テレビではマネできない「香り」「味」「肌ざわり」を演出する

食品などのプレゼンで、購買に

「シズル」感で、注目させる

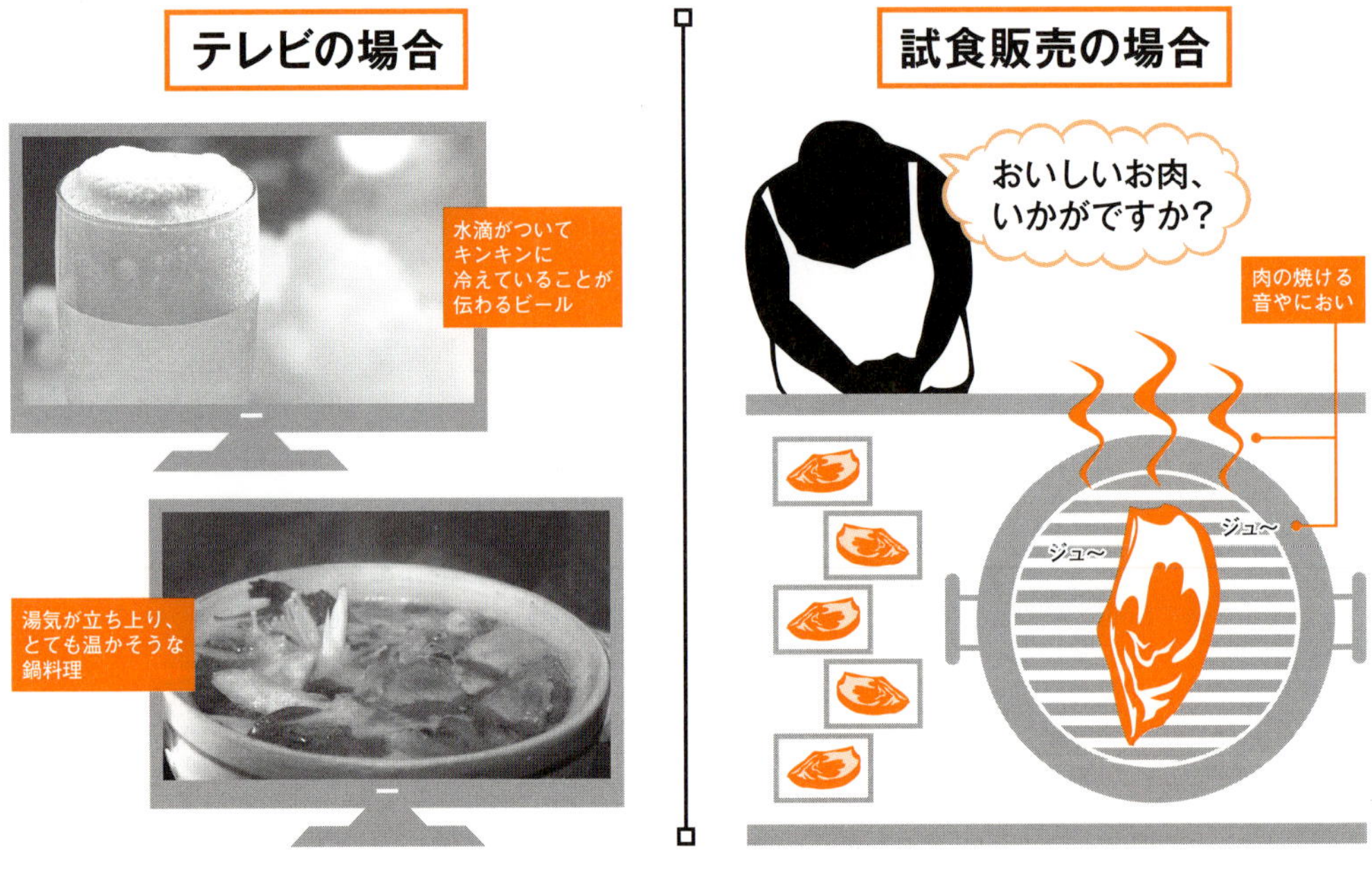
テレビの場合
水滴がついてキンキンに冷えていることが伝わるビール
湯気が立ち上り、とても温かそうな鍋料理
試食販売の場合
おいしいお肉、いかがですか？
肉の焼ける音やにおい
ジュ〜
ジュ〜

五感に訴えかける演出を行う

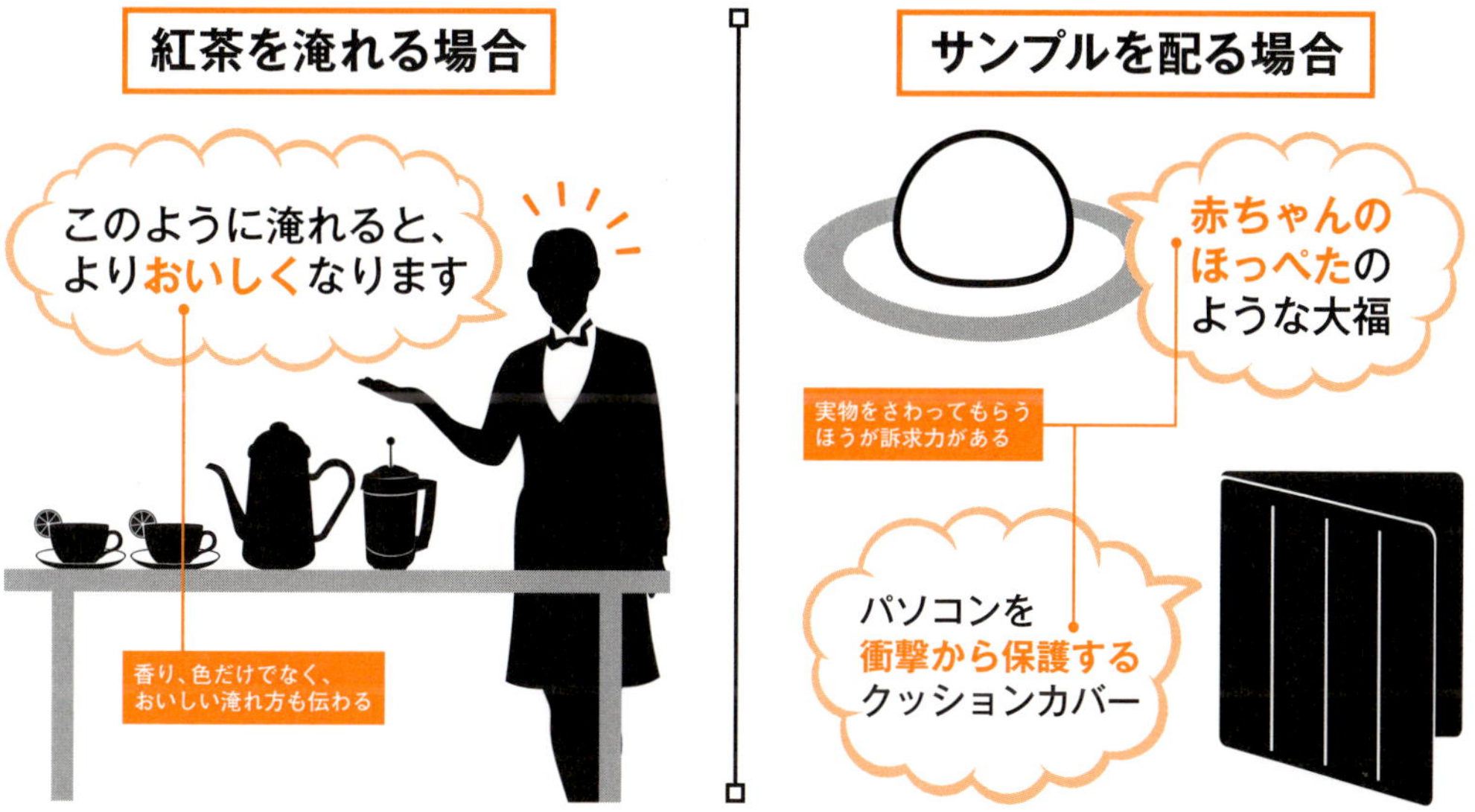
紅茶を淹れる場合
このように淹れると、よりおいしくなります
香り、色だけでなく、おいしい淹れ方も伝わる
サンプルを配る場合
赤ちゃんのほっぺたのような大福
実物をさわってもらうほうが訴求力がある
パソコンを衝撃から保護するクッションカバー

色・音・香り・味・触感など、五感のすべてにはたらきかける

直結するのは、シズルを見せることです。

テレビ以外で身近な例は、スーパーの食品売り場の試食販売でしょう。試食は少量なので、肉などを焼く音やにおい、盛りつけなどでも、シズル感を伝えます。

対面プレゼンでは、においを演出できることも、テレビにはマネできない手法のひとつです。

紅茶のプレゼンで、透明のポットで紅茶を淹れて茶葉の広がりを見せれば、おいしい淹れ方の目安を伝えられるだけではなく、美しい色も見せられますし、会場にはよい香りが広がります。

対面プレゼンの強みをいかして、**参加者に実際に商品に触れていただくのも、有効な手段**です。

「赤ちゃんのほっぺたのような大福」など、言葉をつくして説明するよりも、実物をさわってもらうほうが、ずっと訴求力があります。サンプルを回覧するだけでもいいので、**嗅覚や触覚にアピールする演出**を、ぜひ考えてみましょう。

プレゼンというと、どうしても、資料を配って、説明して……と考えがちですが、特に対面プレゼンでは、特別な条件や制限がない限り、**目・耳・鼻・舌・皮膚の五感のすべてに訴えかけていい**のです。

テレビから学べる「伝える技術」の
1ポイントアドバイス

対面プレゼンでは、嗅覚や触覚などの五感に訴求するアピール方法を考える。

Learn TV style!

写真や映像を使うときは、ベストの角度で見せる

料理も人物も「見せる角度」が重要

料理の場合

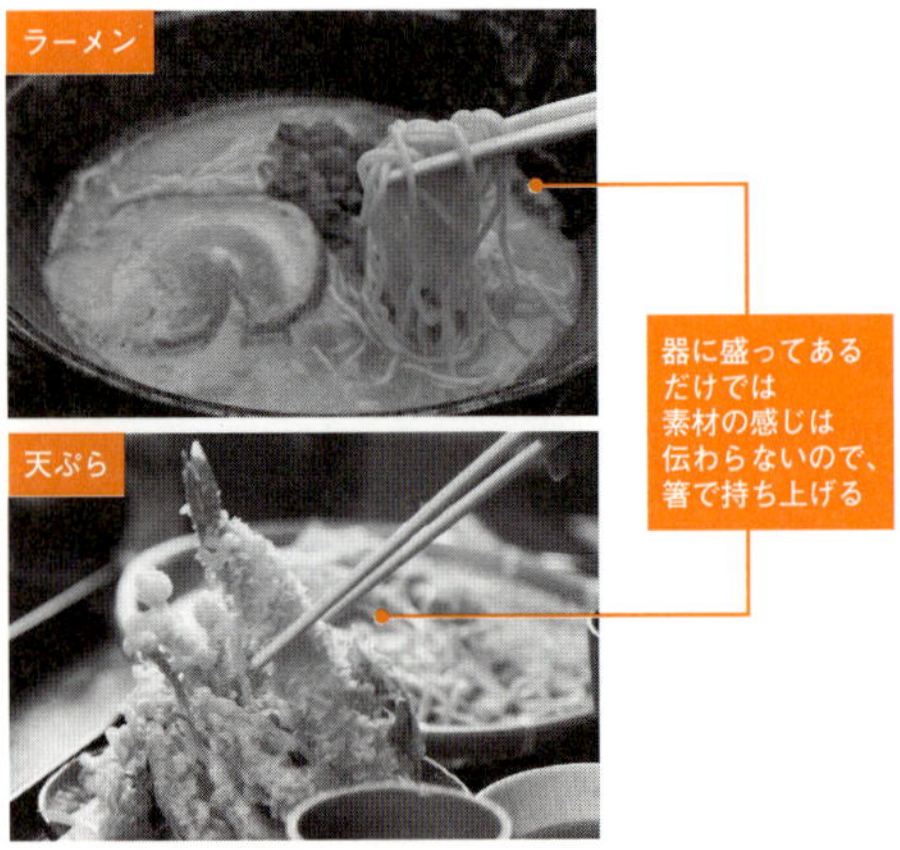
ラーメン
天ぷら
器に盛ってあるだけでは素材の感じは伝わらないので、箸で持ち上げる

食べる人の視線と同じように上から撮ると、食欲をそそる

人物の場合

背を高く脚を長く見せたいのなら、上からは撮らない

上から撮るか、横から撮るかでは大違い

あなたが食事をするとき、料理をどこから見ていますか？

普通は、テーブルの上に置かれた料理を、眼下に見ているはずです。器を見るのでなければ、下から見上げることはないでしょう。

テレビでも、料理は横からは撮りません。皆さんが日ごろ食事をしているのと同じ視線になるよう、上から撮ります。そのほうが、食欲をそそるからです。

ただし、器に盛ってあるだけでは、素材の感じは伝わらないので、料理を箸で持ち上げたところを大写しにして、おいしそうに演出することもあります。

料理は上からですが、人物の場合、特にファッションモデルなどは、背を高く、脚を長く見せたいので上からは撮りません。

写真や映像の角度は、とても重要なものなのです。

料理も人物も「見せる角度」が重要

写真や映像を使うプレゼンは多いですが、相手に見てほしい角度から、撮影できているでしょうか。

バッグを例にとると、相手がデザインにこだわる人なら、正面からの全体像が見たいでしょう。ブランドが最優先ならロゴの大写しが必要です。バッグの容量にこだわるなら真横を撮って、マチの厚さを見せなければいけません。

このように、**プレゼン資料用の写真は、撮り方に工夫が必要**です。撮る角度をほんの少し意識すれば、もっと伝わるようになるのです。

- **相手が見たい角度で見せているか？**
- **プレゼンターが見てほしい角度で見せているか？**

このふたつが、ビジュアル資料のポイントになります。

雑誌やホームページの写真も参考になるので、おいしそうな料理は、どの角度から撮られているのか、お洒落なインテリア写真は、自分の写真とどう違うのか……と考えながら、**上手な写真をマネしていると、人や物が一番良く見える角度が見つかる**ようになります。

テレビから学べる「伝える技術」の
1ポイントアドバイス

プレゼン資料の写真は、「相手が見たい角度」「自分が見てほしい角度」のふたつがポイント。

ビジュアル資料のポイント

たとえば、バッグなら…

デザインにこだわる人なら
正面からの全体像

機能にこだわる人なら
真上から中を見せる

ブランドにこだわる人なら
ロゴ部分の大写し

バッグの容量にこだわる人なら
真横からのマチの厚さ

・相手が見たい角度で見せているか？
・プレゼンターが見てほしい角度で見せているか？
がポイントになる

滝川クリステルさんに学ぶジェスチャーの技！

東京五輪招致の最終プレゼンでは、滝川クリステルさんのフランス語によるスピーチと「お・も・て・な・し」のジェスチャーが話題になりました。

そのとき滝川さんは、左手を使って、自分の右側から左側に向かって、文字を区切って見せていました。つまり、その場にいるIOC委員や全世界のテレビやインターネット視聴者には文字が左から右に出ているように見えるよう、逆の動きをして見せたわけです。

絶対に負けられないここ一番のプレゼンでは、ジェスチャーも大きな意味を持ちます。

相手からはどのように見えているか、どんなメッセージを受け取ってもらいたいのかを考えて、場合によっては普段とは逆の動きを身につけてプレゼンに臨まなければなりません。

たとえば、グラフの「右肩上がり」「うなぎのぼり」などを説明するなら、右手を使うと体の前で左手と交差してしまいます。マイクを右手に持ち替え、左手で右下から左上に向かって広げるようにすると、広がりをもって視覚に訴えられます。

逆アクション①

左手を右から左へ、横方向に出して見せる
大切なのは「心」「技」「体」の3つです

逆アクション②

左手を右下から左上へ、斜め上に出して見せる
加入者数は右肩上がりで伸びています

Part 04

テレビに学ぶ

1000万人に伝わる

「画面」のワザ

Learn TV style presentation!

テロップが16字までしか使われない理由

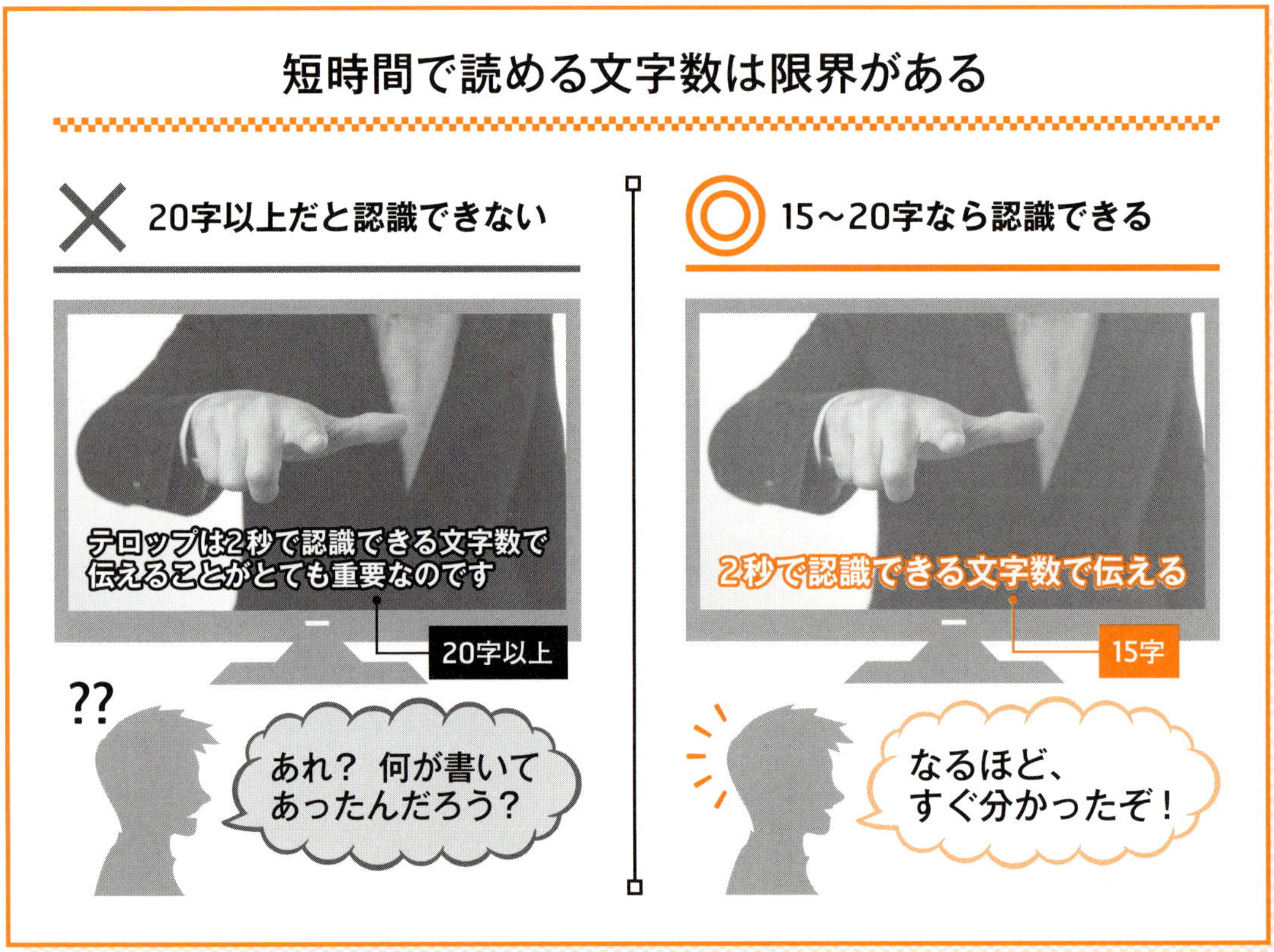
短時間で読める文字数は限界がある
20字以上だと認識できない
テロップは2秒で認識できる文字数で伝えることがとても重要なのです
20字以上
??
あれ？ 何が書いてあったんだろう？
15〜20字なら認識できる
2秒で認識できる文字数で伝える
15字
なるほど、すぐ分かったぞ！

テレビマンは人間が直感できる文字数を知っている

Learn TV style!

「テレビ画面のテロップ（字幕）が邪魔」という視聴者の方の声をよく耳にします。

テレビ画面を占拠していると思われがちなテロップですが、個々の部分の文字数は、実は驚くほど少ないのです。「これからこんな内容を放送しますよ」というときに使う**タイトルテロップでは、15〜20字しか表示されていません**。私が仕事をしていたテレビ局では明確に16字以下と決まっています。

テレビの制作者も伝えたいことは山ほど持っていますが、2〜3秒ほどの短時間で視聴者が読める文字は、それだけだということです。**それ以上の文字数のテロップを出しても、一般の視聴者は「読めない」「認識できない」**のです。

そこで、テレビの制作スタッフは、文字数を削る作業にかなりの力を注いでいます。

2秒で認識できる文字数で伝える

テロップの文字数を知ったうえで、提案書、議事録など、自分が作った資料をチェックしてみてください。そこに出ている文字は何文字ありますか。おそらく文字であふれ返っているはずです。

プレゼンも情報伝達の一種ですから、少ない文字数で伝えていくことが成功の鍵。**2秒（一瞬）で認識、理解できるか、相手がハッとするかが重要なポイント**です。

そのためには、たとえば紙面、画面に入れる文字数を10字、12字とルールを決めて書いていく訓練を積むしかありません。

文字数を減らすために、**外来語のアルファベットを頭文字に置き換える手法**があります。

ゴールデンウィークを「GW」、クライマックスシリーズを「CS」、ジャイアンツを「G」といった具合です。サクラを「桜」、ビーフを「牛」のようにカタカナやひらがなを漢字に換えることでも文字数は減ります。

また、「阪神」の2文字を「虎」の1文字に置き換えるという究極のテクニックもあります。

テレビから学べる「伝える技術」の
1ポイントアドバイス

プレゼンも情報伝達。少ない文字数で伝えていくことが、成功の鍵となる。

Learn TV style!

文字数を減らす工夫の例

① 外来語をアルファベットに

ゴールデンウィーク → GW

ジャイアンツ → G

② かなを漢字に

サクラ → 桜

ビーフ → 牛

③ アイコンを使う

ライオン →

阪神タイガース →

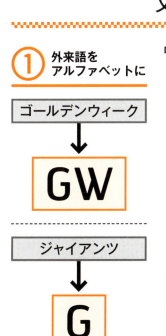

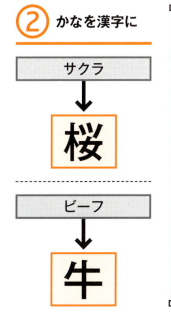

普通のものを"スゴイ"に変える「キャッチフレーズ」の極意

「氷上の王子、羽生結弦」「1000年に1人の美少女、橋本環奈」

Learn TV style!

プレゼンする商品やサービスが競合相手と比べて性能や価格にあまり差がなくて、何をアピールしたらいいか困ることはありませんか？ そんなときに使えるのが「キャッチフレーズ」です。

テレビの番組内ではゲストのタレントや紹介する商品に短いキャッチフレーズをつけて紹介します。

単に「美川憲一さんです！」と紹介するよりも、「芸能界のご意見番、美川憲一さんの辛口コメントがさく裂します！」と紹介したほうが、コメントに対する期待や注目度が高まり、人や物が本来持つ価値の何倍にも見せられるのです。

「どう見られたいか」「どう売り出したいか」からコピーを考える

有名人ばかりでなく、一般の方

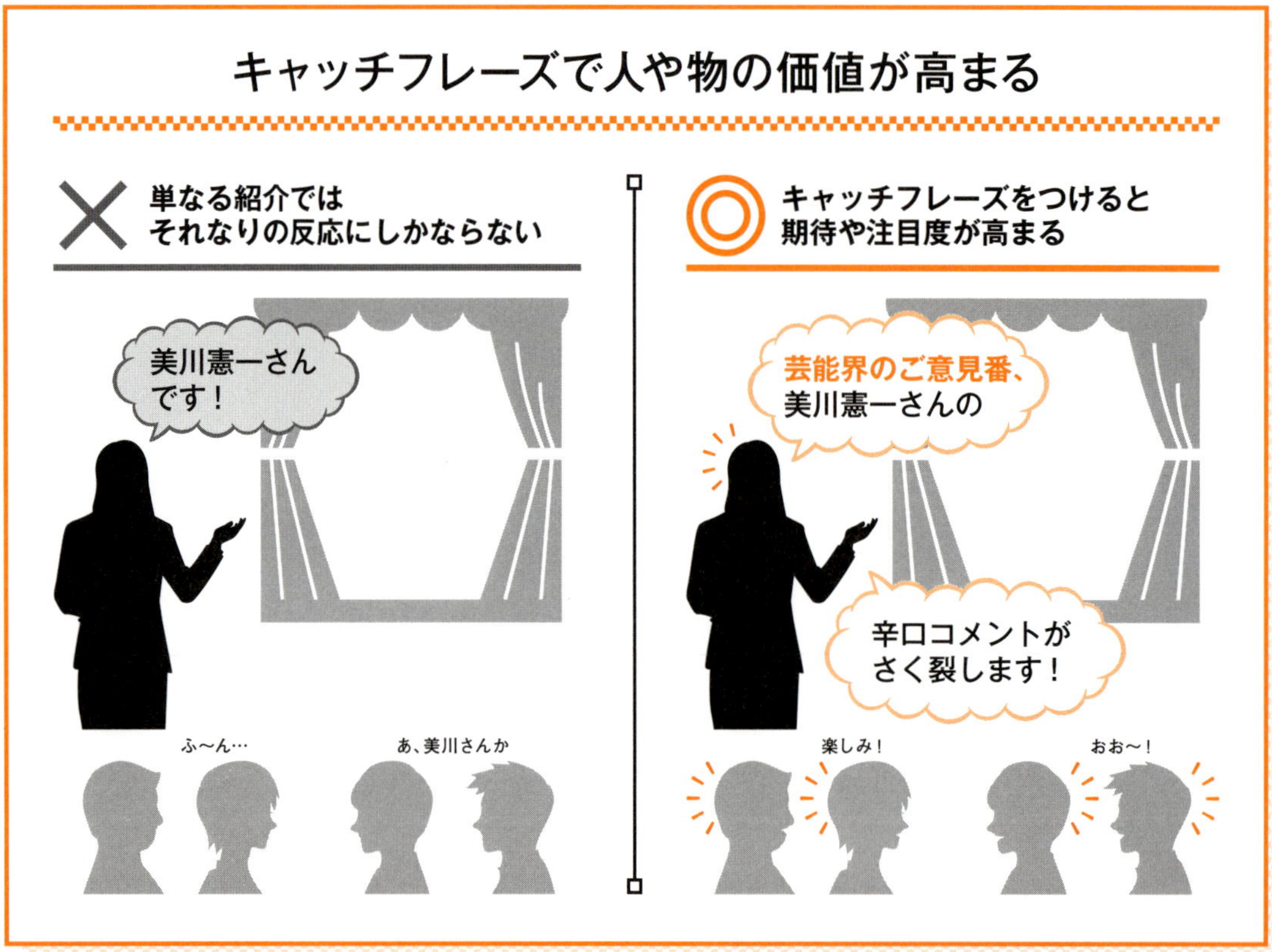
キャッチフレーズで人や物の価値が高まる
単なる紹介では
それなりの反応にしかならない
美川憲一さんです！
ふ〜ん…
あ、美川さんか
キャッチフレーズをつけると
期待や注目度が高まる
芸能界のご意見番、美川憲一さんの
辛口コメントがさく裂します！
楽しみ！
おお〜！

多方面からキャッチフレーズを考える

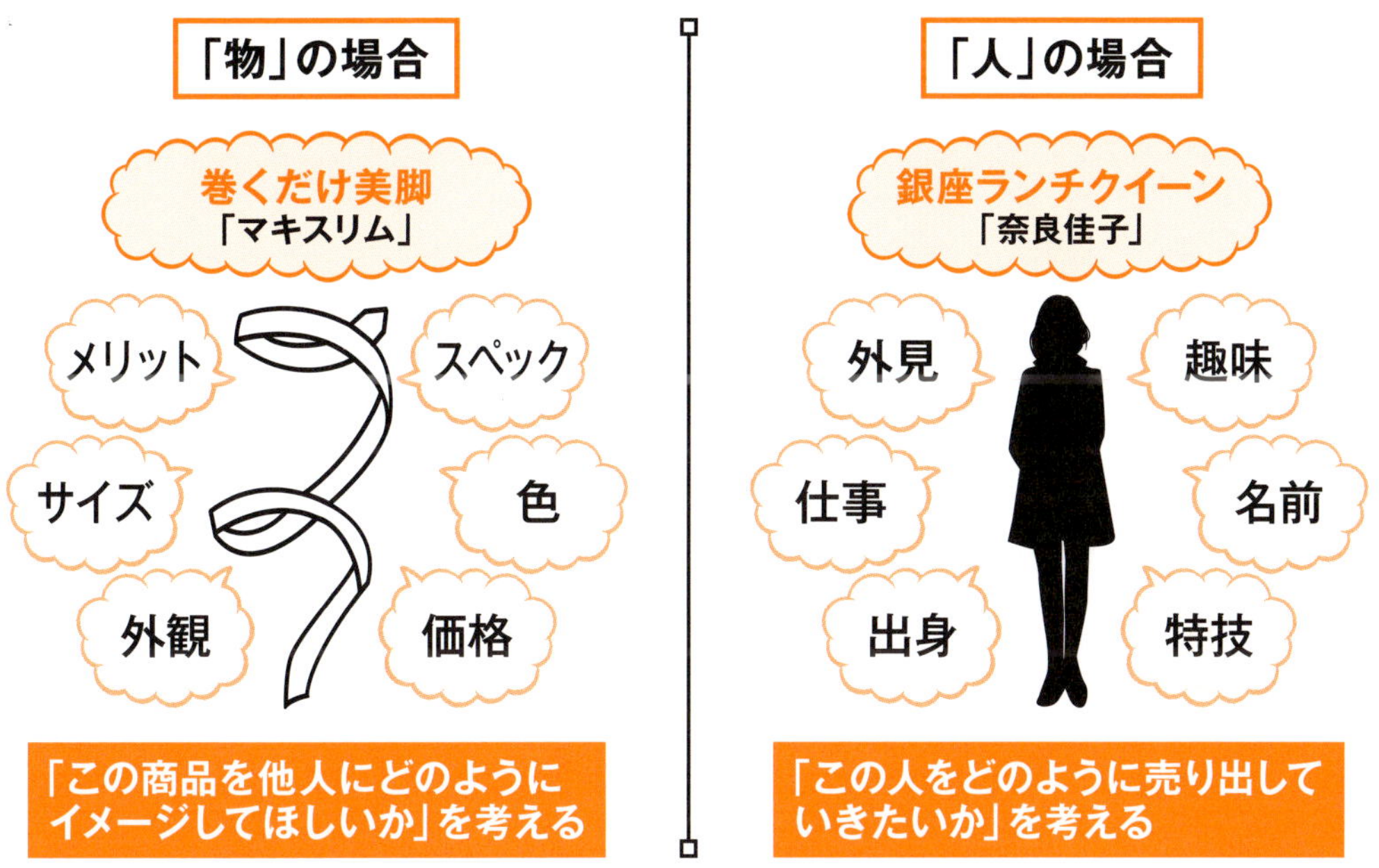
「物」の場合
巻くだけ美脚
「マキスリム」
メリット
スペック
サイズ
色
外観
価格
「この商品を他人にどのように
イメージしてほしいか」を考える
「人」の場合
銀座ランチクイーン
「奈良佳子」
外見
趣味
仕事
名前
出身
特技
「この人をどのように売り出して
いきたいか」を考える

でも「少年野球監督の渡辺恭一さんです」と紹介するよりは、「バッティング指導の達人、練馬のチチローこと渡辺恭一監督です」のように紹介したほうが、その方の人となりが伝わりますね。

キャッチフレーズを考えるときのコツをお教えしましょう。

①「物」なら、この商品を他人にどのようにイメージしてほしいか
②「人」なら、この人をどのように売り出していきたいか

私の知人には、「地方自治体再生人」「ビアガーデン評論家」と名乗っている人がいますし、私自身は「プレゼン・コンシェルジュ」です。これらの名前は、ほかの誰でもない本人が、**他人からどう呼ばれたいかを考えたもの**です。

どう見られたいか以外にも、見た目、特徴、語呂合わせなど、とにかく多くの単語を多方面から出してみて、足したり引いたりかけたりしてキャッチフレーズを決めていきます。

短いキャッチフレーズは本来の名前をも凌駕します。氏名や商品名は覚えられなくても、「ビアガーデンに詳しい人がいた」「巻くだけで脚が細くなるバンドがあった」と思い出してもらうだけでも意味があります。

伝える技術のレベルが劇的に変化する

必見の③-POINT

① 「物」なら、他人にどのようにイメージしてほしいか考える

② 「人」なら、この人をどのように売り出していきたいか考える

③ 多くの単語を多方面から出して、足したり引いたりかけたりしてキャッチフレーズを決める

図解で情報を整理すれば、グッとスマートに伝えられる

文字のマーク化の例

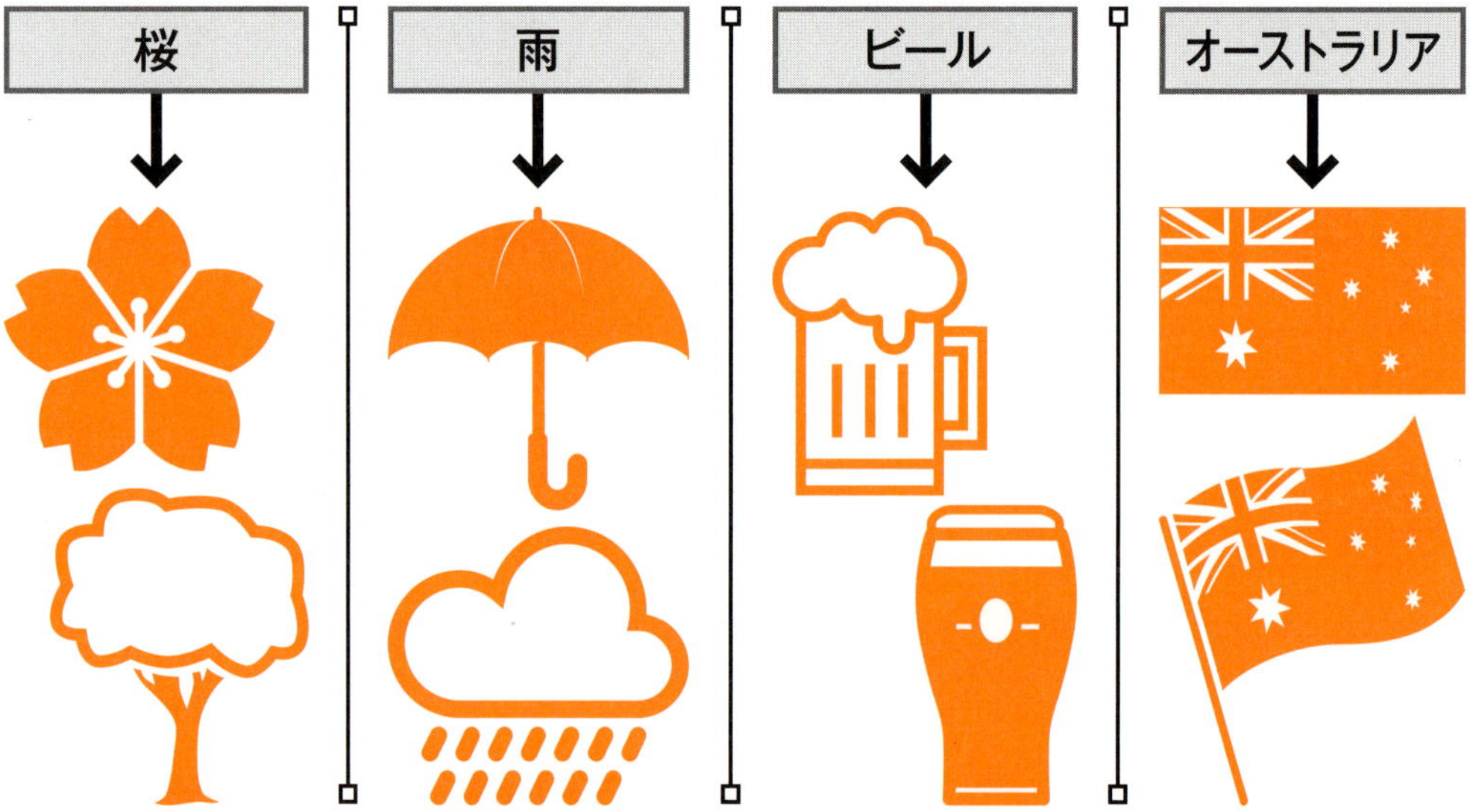

マークは文字ではないので、文字が読めない子どもも外国人も分かる

ワイドショーは図解のお手本

ワイドショーを見ていると、殺人事件や詐欺事件に登場する人物の人間関係を、相関図を使って説明する事例が多いことに気づきます。**入り組んだ関係性の全体像を伝えるには、ワイドショーの相関図がお手本になります。**

またテレビでは、出すテロップ（字幕）を分かりやすくするために**イラストやマークを文字と同じサイズにし、1文字としてアイコン（絵文字）のように出していくことも一般的**です。「満開」、「五輪ラッシュ」「明日は」「のうまい季節」というふうに表示していきます。さらに「オーストラリア」は国旗で表せば、長い国名もたった1文字分に短縮できます。

イラストやマークは、文字が読めない子どもにも外国人にも通用します。いわば交通標識のような役目を果たしているわけです。

図解でメモをとる習慣をつける

解説が難しいものは文字だけで説明しようとせず、**図解があるほうが相手の理解が進みます。**プレゼンで説明したい内容は、まずは何でも図解してみましょう。

人間関係を説明する相関図なら、絵や写真はいちいち描かなくても、ネット上のクリップアートに入っているもので十分。取引関係や上下関係を表現するなら、人や物のイラストを線や点線や矢印で結びます。アイコン（絵文字）は、既製のイラストを縮小して文字のそばにレイアウトします。

伝わる情報に加工するためには、常に文字が絵や図に置き換えられないかを考える習慣をつけることです。お勧めは、**会議や打ち合わせのメモを図で書きとめるクセをつける**こと。

「田中部長が青山ケーキ店に1月8日、ショートケーキを100個注文済みだ」

という文章なら、1／8（人）（田中）と店（青山）の絵の間に矢印を引き、店の下にケーキの絵を書いて×100、という具合です。

テレビから学べる「伝える技術」の
1ポイントアドバイス

伝わる情報にするには、常に文字が絵や図に置き換えられないかを考えるようにする。

Learn TV style!

メモを手書きでなく、図で書きとめてみる

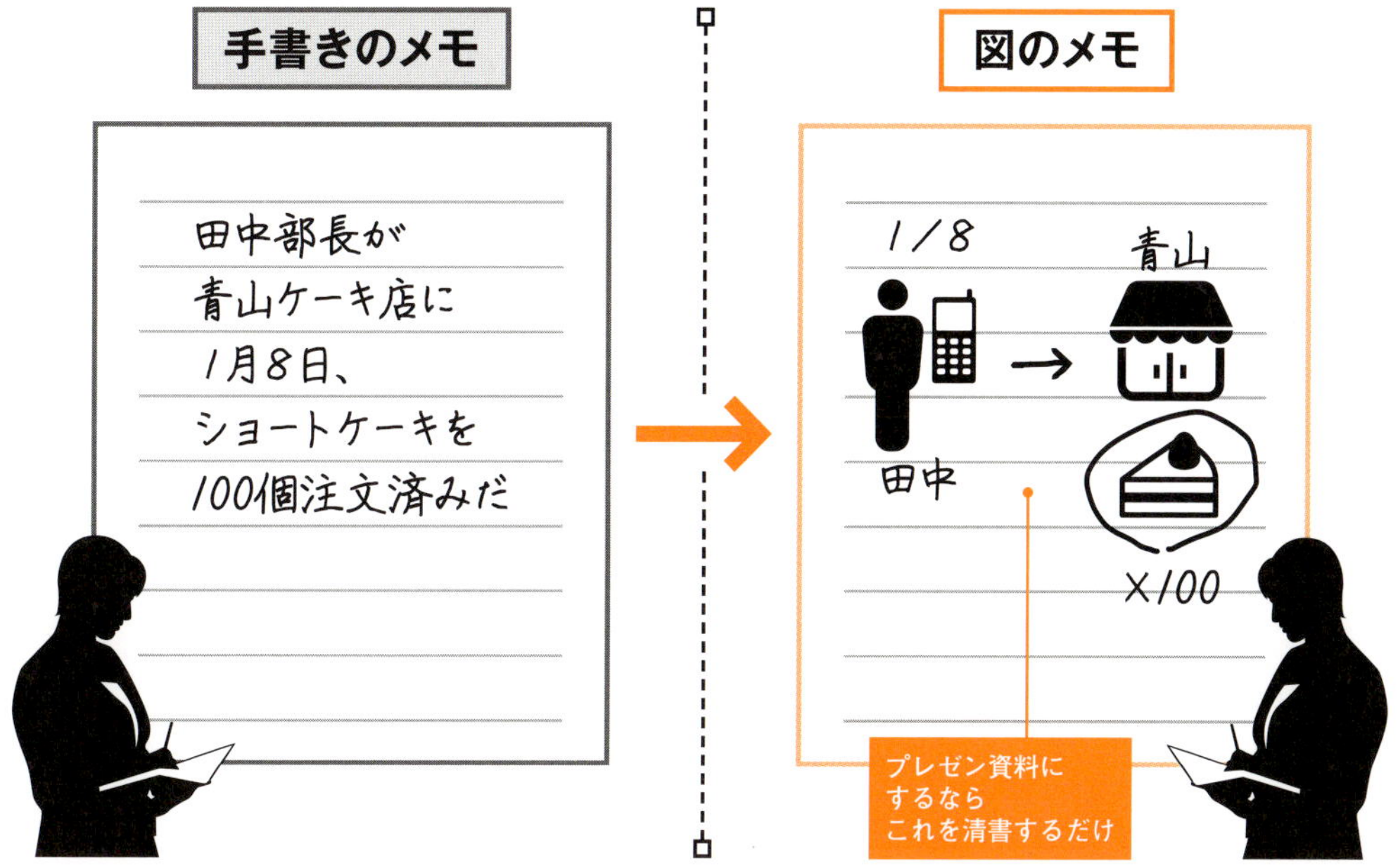
手書きのメモ
田中部長が
青山ケーキ店に
1月8日、
ショートケーキを
100個注文済みだ
図のメモ
1/8
青山
田中
×100
プレゼン資料にするなら
これを清書するだけ

重要な情報は“見せっぱなし”にしてアピール

途中から見始めた人の心もつかむ、キーワードの見せ方

Learn TV style!

テレビをつけた瞬間、出てきた画面をしばらく見るか、とりあえず全局の様子を探るか……行動パターンは人それぞれです。

1時間番組なら3分経過したところから見る人もいれば、45分から見る人もいます。CMの途中から見始める人だっています。テレビの視聴者は、必ず冒頭から見てくれるわけではないのです。

テレビ制作者は、どの時点から見始めた視聴者でも、その心を瞬時につかむ必要があります。そこで、**テレビでは画面に「サイド」と呼ばれるテロップ（字幕）を出し、「ただ今こういう内容の番組を放送しています」と説明します。**たまたま映った番組がどういう内容なのか瞬時に分かります。

ほとんどのサイドは1行10字程度の2段組みで、画面の右上にしばらく出したままにしておきます。

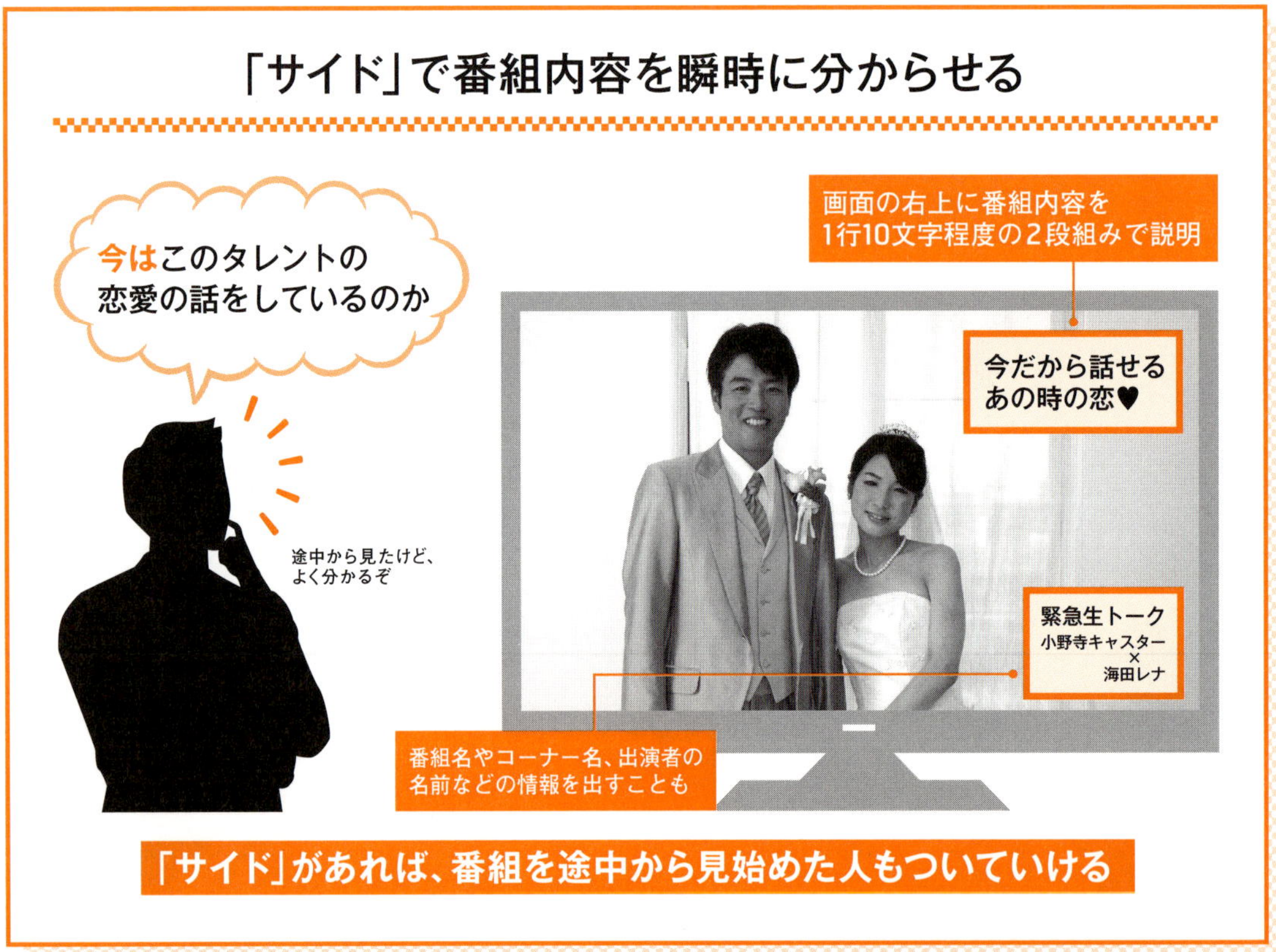
「サイド」で番組内容を瞬時に分からせる
今はこのタレントの恋愛の話をしているのか
途中から見たけど、よく分かるぞ
画面の右上に番組内容を1行10文字程度の2段組みで説明
今だから話せるあの時の恋♥
緊急生トーク 小野寺キャスター×海田レナ
番組名やコーナー名、出演者の名前などの情報を出すことも
「サイド」があれば、番組を途中から見始めた人もついていける

プレゼン資料にも「サイド」は応用できる

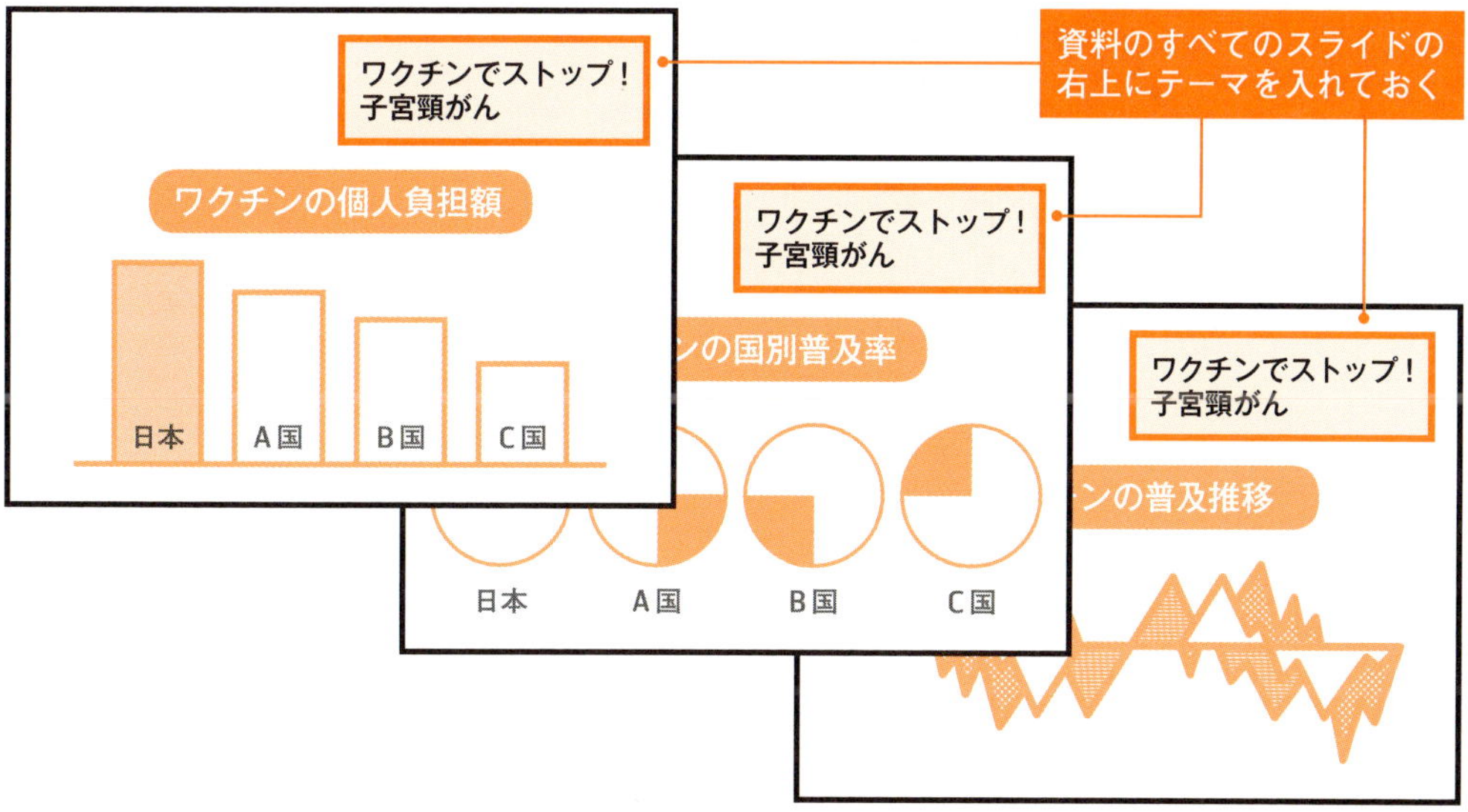

「サイド」の文字数は、目にとまるように10字前後×1〜2行に短くまとめる

左上、左下、右下の三隅には、番組名やコーナー名、出演中のタレントの名前など、別の情報を出していることもあります。

「ヘッダー」「フッター」を活用する

サイドの手法は、パワーポイントによるプレゼンでスライドを作るときにも、応用できます。

たとえば、ワクチンによる子宮頸がん予防に関するプレゼンならば、スクリーンに映し出すスライドの右上すべてに「ワクチンでストップ！子宮頸がん」とテーマを出しておくことで、遅れて会場に着いた人も、今何を話しているかがすぐに理解できます。**文字数は10字前後×1〜2行に短くまとめましょう。**

パワーポイントなら「スライドマスター」と呼ばれるひな形ページ、ワードやエクセルなら「ヘッダー」や「フッター」に設定をしておけば、ページが増えても並べ替えても表示されます。スライド画面を印刷・配布することを考えると、左側ではとじしろで隠れてしまうので、**右側、しかも下より目立つ「右上」が最適な場所**です。

伝える技術のレベルが劇的に変化する

必見の3-POINT

1. プレゼンのスライドには、内容を簡潔に説明した「サイド」をつけておく
2. サイドの文字数は、10字前後×1〜2行に短くまとめる
3. サイドをつけるのは スライド画面の「右上」が最適

Learn TV style presentation!

26

Part 04

テレビに学ぶ 1000万人に伝わる「画面」のワザ

スポーツの結果は、なぜ子どもでもすぐ理解できるのか？

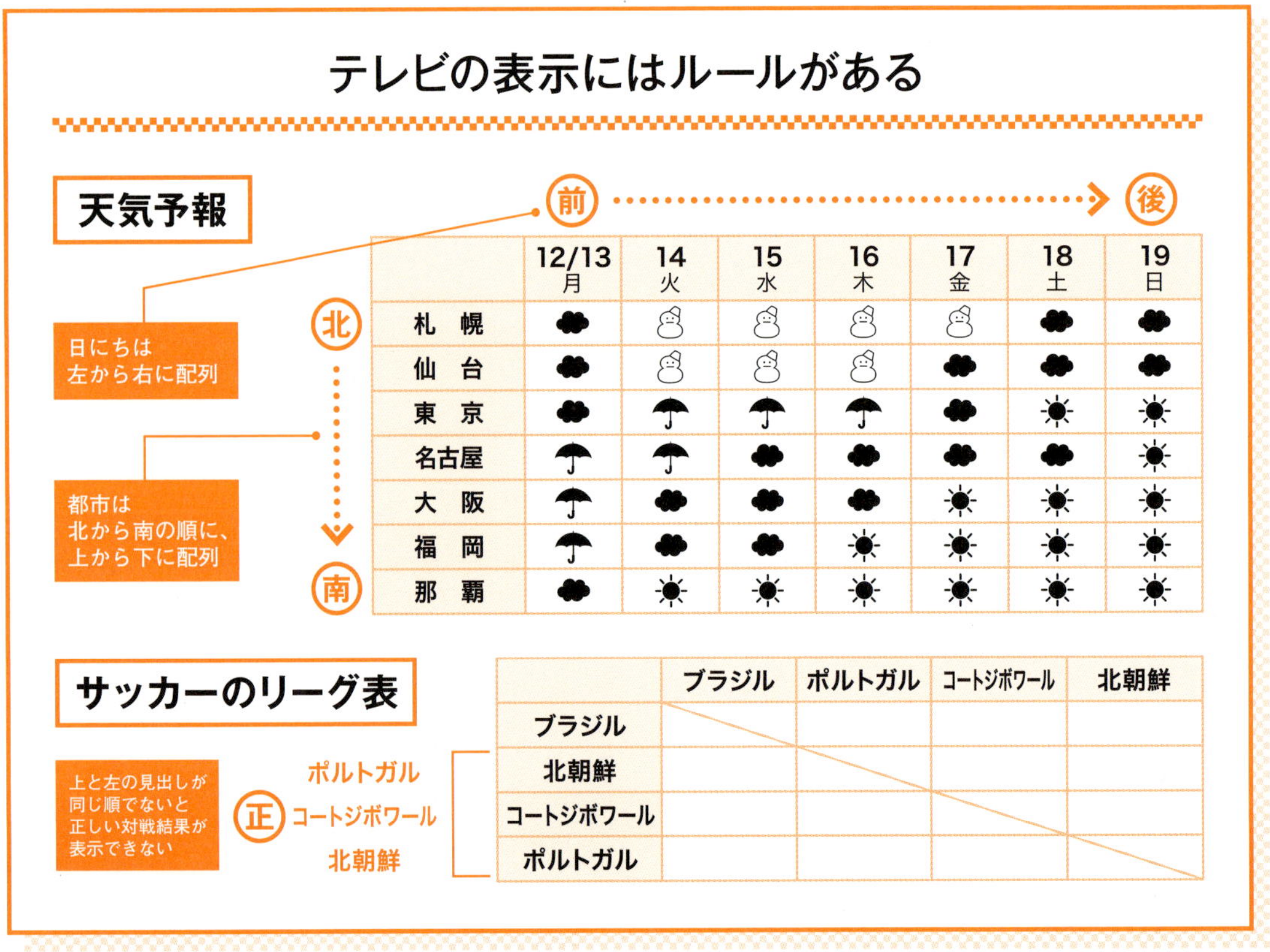

テレビの表示にはルールがある
天気予報
前
後
12/13 月
14 火
15 水
16 木
17 金
18 土
19 日
北
南
札 幌
仙 台
東 京
名古屋
大 阪
福 岡
那 覇
日にちは左から右に配列
都市は北から南の順に、上から下に配列
サッカーのリーグ表
ブラジル
ポルトガル
コートジボワール
北朝鮮
上と左の見出しが同じ順でないと正しい対戦結果が表示できない
正

説明いらずで状況を伝える「レイアウト」の魔法

Learn TV style!

気になる情報を確認するためにテレビをつけることはよくあります。その代表格がスポーツの試合結果や天気予報でしょう。そうしたニーズに応えるために、**テレビでは、どの時点から見始めた人にも分かる工夫がされています。**

2010年サッカーワールドカップのニュースで実際に起きたことですが、グループリーグの対戦結果を伝えるために組み合わせ表を出したとき、国名の順序が間違っていたために情報にミスが出てしまったテレビ局があります。組み合わせ表は上の見出しがブラジル、ポルトガル、コートジボワール、北朝鮮の並びなら、左の見出しもブラジル、ポルトガル……と同じ順でないと正しい結果は表示できません。これがレイアウトだけで情報を伝えるということです。

天気予報では日本地図を出して

その上に都市を表示して太陽、雲、傘などのマークを表示するのが一般的。週間予報の表組みにしたときでも、都市は必ず北から南の順に、上から下に配列されています。

視線移動の習性を知ったうえでレイアウトする

テレビにかかわらず、**何かを紹介していく場合には必ず置き位置を考慮します。**プレゼンも例外ではありません。

たとえば、ビフォー／アフターを紹介する場合。**左が「前」、右が「後」と決まっている**ので、家屋建築の話なら左に更地、右に竣工後の家の写真を置きます。こうしておけば、説明文や、左から右向きの矢印がなくても、更地のあとに家が建ったと伝えられます。

スーパーのチラシでは目玉商品を左上、右上、左下、右下の4隅にレイアウトしていることをご存じでしょうか。人間の視線がそのようにZ字型に動くからです。

テレビも横長・長方形で表現する媒体なので、ほとんどの文字は左から右に読ませるようになっています。**線や矢印も、左から出て右で終わらなければなりません。**

テレビから学べる「伝える技術」の
1ポイントアドバイス

資料のレイアウトは、人間の視線がZ字型に動くことを考慮する。

Learn TV style!

何かを紹介する場合は必ず位置を考える

ビフォー／アフターの場合

左にビフォー、右にアフターのルールに従えば文字や「→（矢印）」は不要

スーパーのチラシの場合

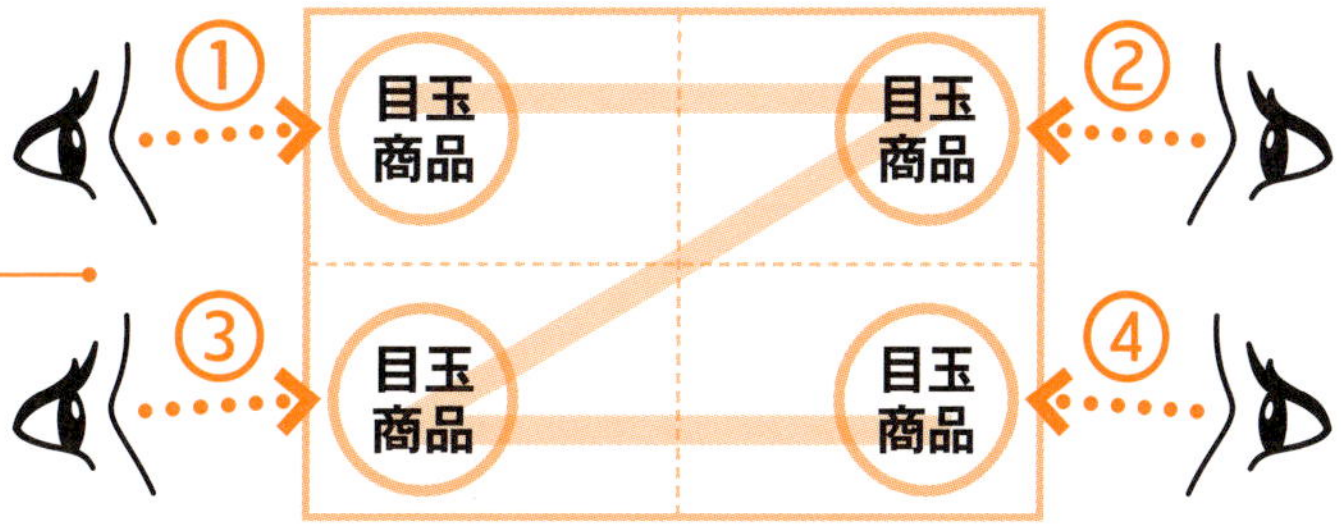

人の視線はZ字型に動くので目玉商品は左上、右上、左下、右下の順にレイアウトする

文字を読まずに情報を体感させる方法

言葉で説明するより「記号」を活用する

Learn TV style!

テレビでは、視聴者が文字を読まなくても情報を直感させるために「記号」を多く使用しています。

増加減少を表す「↑」や「↓」をはじめ、「+」や「=」「×」などです。

「A社の売り上げは前年に比べて3割上昇した」というところを、**「A社売り上げ対前年3割↑」**という表現ができます。

変化、結果の前後を矢印でつなぐことも一般的です。

「信号機事故で3万人の足に影響が出たが、4時間の復旧作業で、現在は復旧した」という文も、テレビでは、**「信号機事故3万人の足に影響→午後2時に完全復旧」**と表示します。

またスポーツニュースなら、**「日×韓」**と表記するだけで、2チームの対戦であることを直感させることができます。

テレビ式記号づかいの例

「減少」を表す記号	ビール消費、3年連続↘
「対戦」を表す記号	ヤクルト × 中日
「曲名」を表す記号	♪恋するフォーチュンクッキー
「電話取材の相手」を表す記号	☎ 星野仙一氏
「カネの流れ」を表す記号	A協会 → B議員

記号を使えば、文字を読まなくても情報を直感させることができる

「“ ”」を使えば、本来の意味を超えた表現ができる

× そのままの表現では大風呂敷を広げにくい

◎ 「“ ”」をつけると広義にとらえた俗語などを使って表現できる

プレゼンでは大風呂敷を広げよう

テレビのテロップ（字幕）文法では〝〟（ダブルクォーテーションマーク：通称・チョンチョン）も多用します。本来の意味を超えて、広義にとらえた俗語などを使って表現するときに使います。

たとえば、繁殖のためメスのパンダをオスのいる動物園に移す場合、「パンダのシュアンシュアン〝お嫁入り〟!?」と出すことがあります。パンダは市役所に婚姻届を出したりしませんが、人間に置き換えればお嫁入りのようなものという意味になります。「!?」が入ることで、ホントなの？ というニュアンスも加わります。大風呂敷を広げたいプレゼンではぜひ使っていただきたいテクニックです。

私が1回だけ○○大学でセミナーをやったとします。プロフィールに〝○○大学でプレゼン講座担当〟と1行書いておくと、「あの人は○○大学の先生なのか」と錯覚する人は大勢います。

ウソやデータのねつ造はいけませんが、錯覚はおおいに利用するべきでしょう。そんなときは〝〟が大活躍します。

テレビから学べる「伝える技術」の
1ポイントアドバイス

大風呂敷を広げたいプレゼンでは、〝〟を使って大胆に表現してみよう。

Learn TV style!

フォントとサイズづかいで相手の感情に訴える

フォントによって伝わるイメージは変わる

ゴシック体
月３万円が浮く
節約方法
スッキリと目立つ

POP体
バレンタインデーに
ワインを贈ろう！
かわいらしい、カジュアルなイメージ

行書体
納涼　怪談の夕べ
和風の話題によく合う

相撲文字
白鵬　対
日馬富士
相撲の取組表や番付表のイメージ

丸ゴシック
サルと犬が
仲良し？
子どもらしさが出る

書体の持つイメージを添えて、伝える情報を表現する

衝撃事件を伝える文字、熱愛発覚を伝える文字

Learn TV style!

私はいろいろなプレゼン資料を見る機会がありますが、文字の種類を使い分けていない方が多いことに驚きます。パソコンには本当にたくさんのフォント（書体の種類）が入っているのに、どうして使わないのでしょうか？

テレビではテロップ（字幕）で文字を見せる場合、さまざまなバリエーションのフォントを使っています。**基本的にテレビで使うフォントはゴシック体**です。毛筆におけるトメ、ハライ、ハネなどがなく、線が太いほうが面積も広く力強く見えるからです。明朝体は、線が細く弱い印象なのであまり使われませんが、たとえば訃報などあえて弱々しく見せたほうがいいときは明朝体も使います。

テレビのテロップには約50種類のフォントが準備されていますので、書体の持つイメージを添えて

伝える情報を表現しています。70ページの図はその例ですが、わずか5種類のフォントを並べてみても、文字から伝わるイメージはずいぶん違います。

書体、色、サイズの選び方で訴求力は激変する

プレゼンの場合、書類のみ先方に提出する企画書などは全体を通じて統一感があるべきですが、スクリーンで見せるスライドなら、次々と異なるフォントで見せる手法も有効です。**文字の形から感じられる「カッコイイ」「さわやか」「恐ろしい」などのイメージを生かして、文章だけでは伝わりにくい感情や雰囲気なども伝えましょう。**

フォントは同じでも、色やサイズを変えるだけで強弱がつき、訴求力を高めることができます。キーワードは何かを考えれば、効果をつける箇所も変わってきます。強調したい部分に大きな文字をドーンと使ってみるのも効果的です。

その際、1枚ごとに画面デザインが変わっていったのでは本当に統一感がなくなってしまうので、**背景色やデザインは1種類に固定しておく**とスッキリ見せられます。

伝える技術のレベルが劇的に変化する

必見の3-POINT

1. **スクリーンで見せるスライドなら、次々と異なるフォントで見せる手法も有効**
2. **フォントは同じでも、色やサイズを変えるだけで訴求力が高まる**
3. **画面の背景色やデザインは1種類に固定しておく**

文字の選び方で印象は変わる

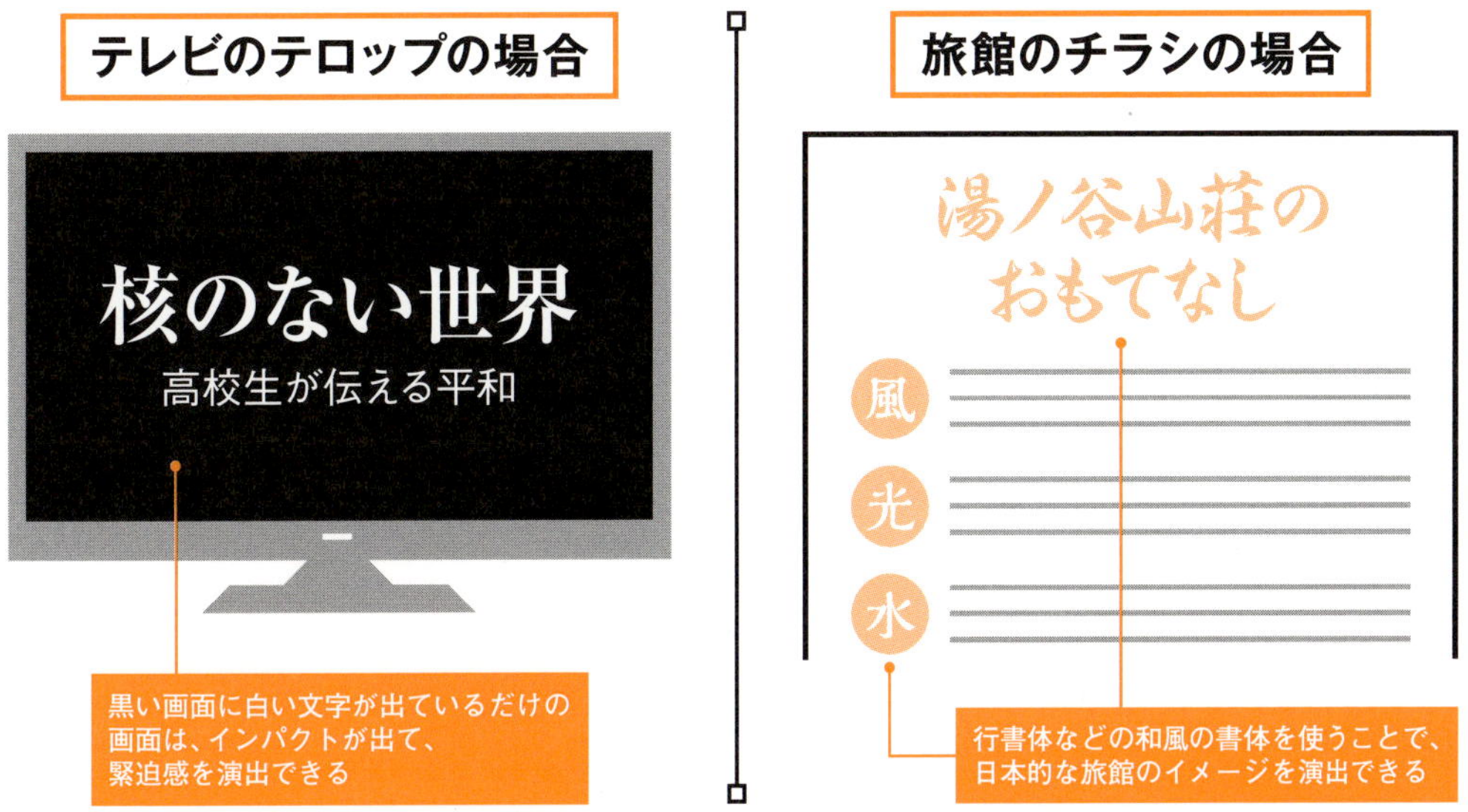
テレビのテロップの場合
核のない世界
高校生が伝える平和
黒い画面に白い文字が出ているだけの画面は、インパクトが出て、緊迫感を演出できる
旅館のチラシの場合
湯ノ谷山荘のおもてなし
風
光
水
行書体などの和風の書体を使うことで、日本的な旅館のイメージを演出できる

文書の書体、色、サイズを随時変えれば、より効果的な資料になる

ただの文字も デザイン的に見せれば伝わる

パターンに隠された職人の技

Learn TV style!

私がテレビの仕事を始めたとき、「ほかの業界では見たことがないプレゼン手法だ」と思ったのがテーブル（表組みレイアウト）です。

テレビでは説明に使うパターン（プレゼンボード）やCGに使われますが、大きな特徴として、

・枠に罫線が引かれていない
・角が丸い
・背景色がついている

の3つが挙げられます。カラー台紙の上に単語カードをレイアウトするようなイメージです。

一般的な表組みと区別する名称がないので、私は「ベースつきテーブル」と呼んでいます。線がないので、ごちゃごちゃした印象を与えない、角が丸くて背景に色がついているのでイラストや絵本のようなイメージに仕上がるといったメリットがあります。

ベースつきテーブルは、異なる

「ベースつきテーブル」のイメージ

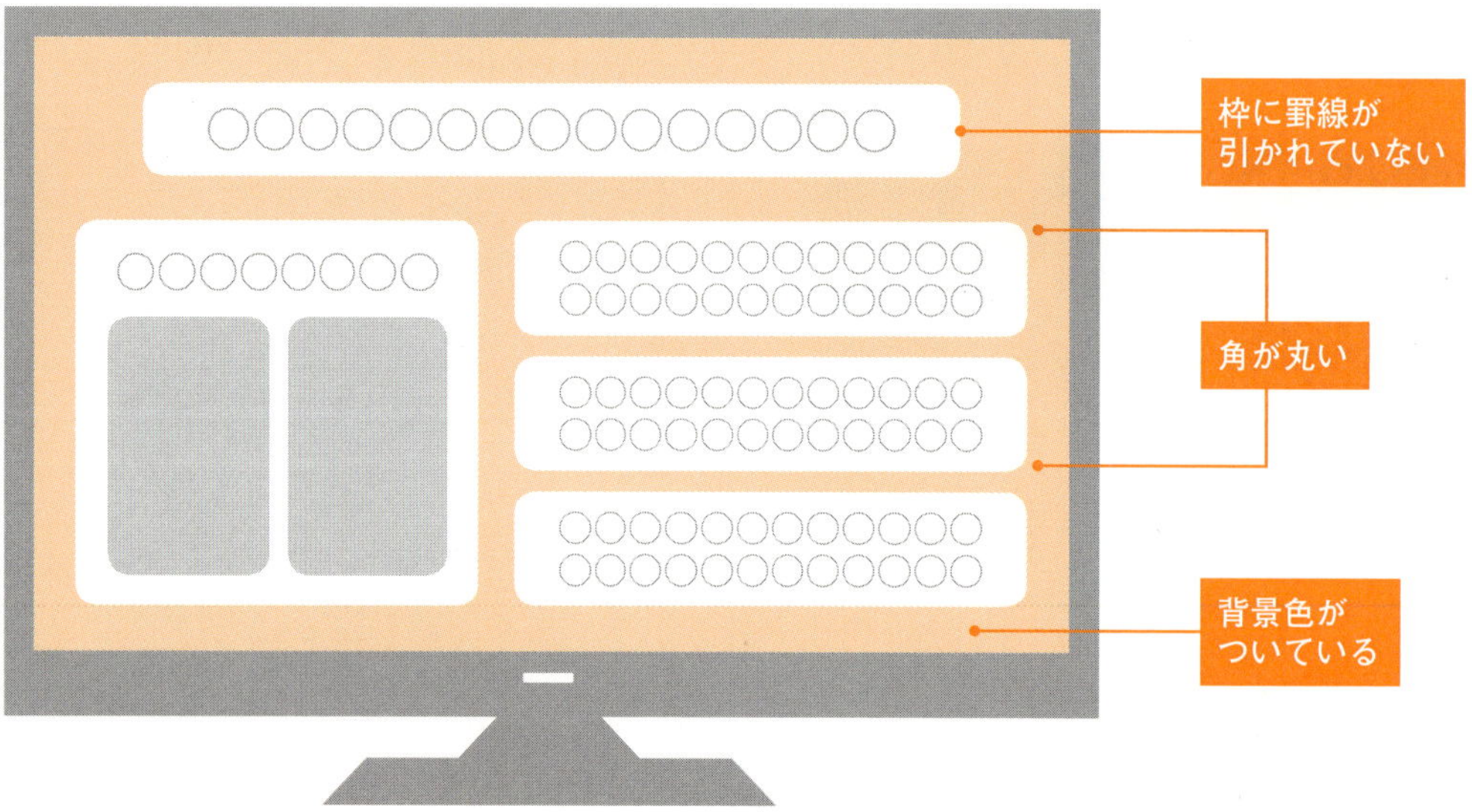

「ベースつきテーブル」だと、イラストや絵本のようなイメージに仕上がる

文字がカタマリで見えてくるデザイン

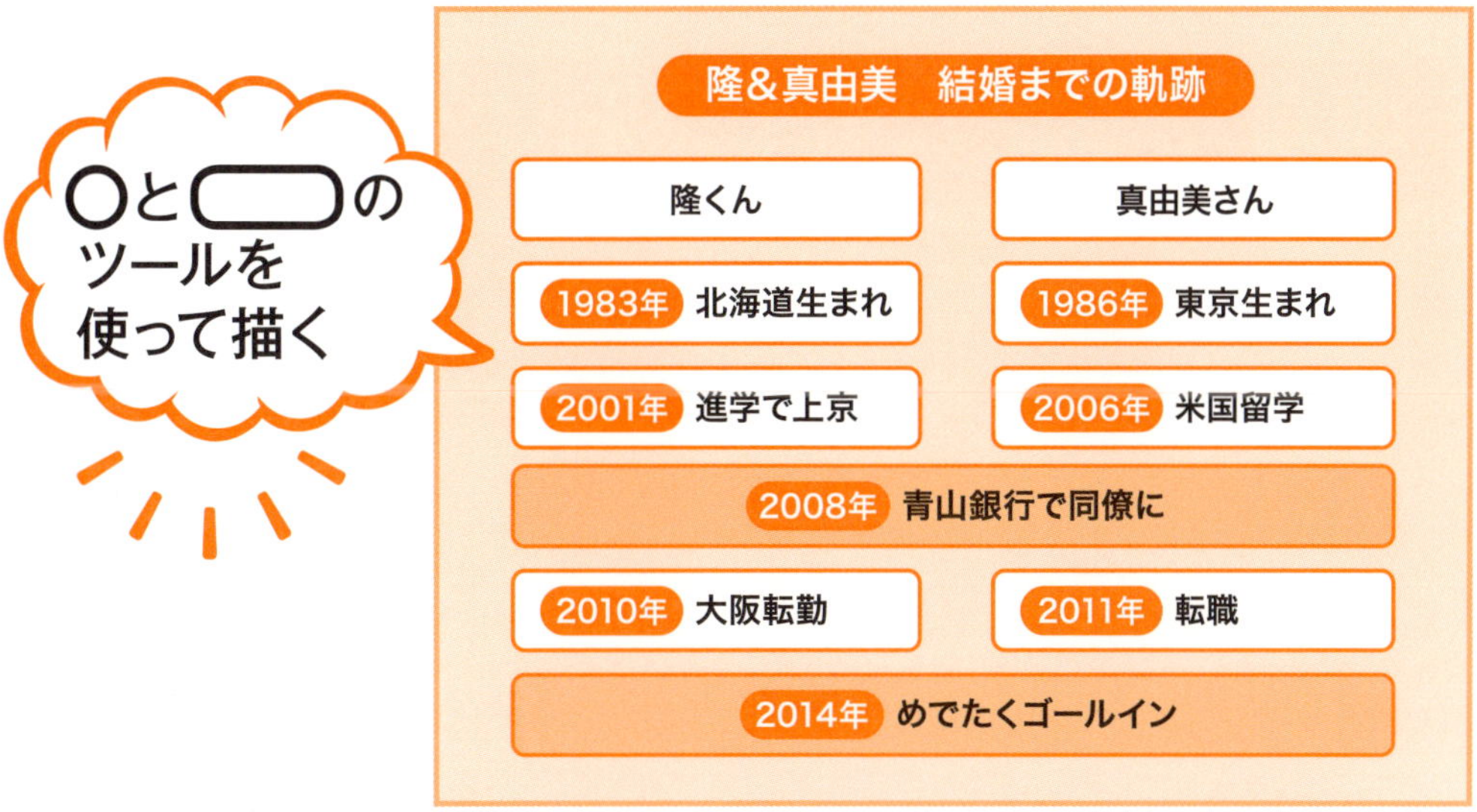

文字をカタマリで見せると、情報が分かりやすく整理される

物やカテゴリーを比較したり、人物の生い立ちを履歴書ふうに追ったりするような場合に使います。

線で仕切られたセルの中に色をつけたり、背景色をつけたりするだけで、整理された情報として見せることができるのです。

丸みを帯びたものは安心感を与える

私が社会人になって通っていた大学のプレゼンテーション講座では、先生から「資料に使う図形には丸みを帯びたパーツを選ぶこと」という注意がありました。人間はとがったものを自分に向けられるのは怖いので、角が丸いものなら安心だからです。

角が丸い図形をパソコンで描くなら、「図形描画」から角が丸の四角を選んで作成します。丸みもいかようにも調節できます。

また、**ベースつきテーブルにすることにより、文字をカタマリで見せていくことができる**ので、視線もパートごとに移動させることができます。情報を整理して、文字をスッキリとしたカタマリで読ませるには、テレビのテーブル方式が最適なのです。

テレビから学べる「伝える技術」の
1ポイントアドバイス

ベースつきテーブルで情報を整理して、文字をスッキリとしたカタマリで読ませる。

Learn TV style!

COLUMN_04

中身が気になって思わずクリック！
タイトルの帝王「おさむ」式

　ニュースで“これから何をやりますよ”と知らせるタイトルテロップは16文字以下、と紹介しました。わずかこれだけの字数に心をつかまれて、私たちはテレビを見続けたり、記事本文を読んだりしています。

　けれども、その上を行く「タイトルのプロ」もいます。放送作家の鈴木おさむさんです。最近出産したお笑い芸人、森三中の大島美幸さんのご主人といえばご存じの方も多いかもしれません。

　鈴木さんのブログ『鈴木おさむのネタ帳』は、とにかくタイトルが短い。ほとんどが４〜５文字です。

　その文字数のタイトルでも、中身が気になって、ついクリックしてしまいます。

　近頃はどんなふうになっているのだろう？ と最近のタイトル一覧を見てみたら…

【喫煙、最終？？】

→（４文字は健在）

【可動域？？】

→（３文字が出現？）

【教育？？】

→（２文字で伝わるの？）

【M？？】

→（ついに１文字に！）

　さすが、テレビの最前線を行く人のセンスは違います。言葉が光っています。

　鈴木さんのタイトルには、いくつかのポイントがあります。

　まずは、「ＡなＢ」「ＣのＤ」のように２語を結ぶ「〜な」「〜の」を排除する。

　次に必ず体言止めにする。「〜です」「〜ました」のようなタイトルは字数が２字、３字と増えるだけです。

　そして、「タイトルは○字以下」と、自分にルールを設ける。

　この３つを心がければ、あなたも一流の放送作家並みの「タイトルの達人」になれます！

Part 05

テレビに学ぶ

1000万人に伝わる

「売り込み」のワザ

Learn TV style presentation!

「あの名店の品物がなんとたったの??円」マジック

テレビの視聴者を惹きつける3つのご利益

次は、あの高級肉が
たったの1000円で食べられる
店を突撃取材です！
銀座に大行列　そのワケは？
おお～！
わ～♪
①「高い肉が1000円で食べられる」という
お得感
②「高級店ばかりの銀座にそんな激安店が？」という
意外感
③「どんなメニューなんだ？」という
期待感

「お得」「意外」「期待」を盛り込めばあなたのウリは最強に

Learn TV style!

テレビは視聴者が気まぐれに見るメディアです。そこで、**テレビ制作側は視聴者が一度スイッチを入れたら、チャンネルを変えさせない工夫を重ねています。**

そのためには、「楽しい」「タメになる」「好きなタレントが出ている」など何でもいいので、テレビに視聴者を惹きつけるためのご利益が必要となります。そのキーワードは、**「お得感」「意外感」「期待感」**の3つです。

たとえば、情報番組で松阪牛のハンバーグ・ランチで大繁盛している店を紹介するとします。映像を番組内で流す際、司会者は、

「次は、あの高級肉がたったの1000円で食べられる店を突撃取材です！」

とコメントし、画面上には、

「銀座に大行列　そのワケは？」

と短いテロップ（字幕）を出しま

す。コーナーが始まる前のその数秒だけで、高いお肉がたったの1000円で食べられるらしいという「お得感」を出し、高級店ばかりの銀座にそんな激安店が？という「意外感」も伝え、それはどんなメニューなんだろう？という「期待感」までも視聴者にインプットします。これで視聴者を囲い込むわけです。

あおりキーワードをトッピングする

プレゼンで**最初から相手の心をつかむためにも、必ず押さえておくポイントが、「お得感」「意外感」「期待感」の3点の「つかみ」**です。

これらが存在しないプレゼンには誰も興味を示してくれません。ない場合はあとづけでもいいので、考えて加えます。

そしてこの3点の「つかみ」に対し、下図に示したような**「あおりキーワード」**を組み合わせて、表紙やスライドのタイトルで目立つように見せます。

レイアウトやフキダシでキャッチコピーやサブタイトルのように使ったり、本編の見出しや図解の表題などに使ってもいいでしょう。

テレビから学べる「伝える技術」の1ポイントアドバイス

「お得感」「意外感」「期待感」を感じさせる「あおりキーワード」で、プレゼンを飾る。

「お得感」「意外感」「期待感」のあおりキーワード

① 「お得感」のあおりキーワード
激安
無料
行列
完売
殺到
穴場

② 「意外感」のあおりキーワード
秘密
秘話
㊙
珍○○
涙
潜入

③ 「期待感」のあおりキーワード
話題
仰天
驚きの
豪華
絶品
逸品

考えた「あおりキーワード」は、表紙やスライドのタイトルで目立たせる

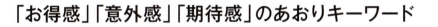

人気店の紹介番組は、最後に必ず店名と電話番号が出る

連絡手段を知らせて、狙った目的に誘導する

Learn TV style!

テレビの情報番組では、紹介した店や会社の名前、電話番号を番組やコーナーの最後にテロップでもう一度見せることがあります。

それは、その店を繁盛させるためというよりも、そうしておかないと、内容を見て興味を持った視聴者から番組終了後、「今の番組で紹介された店はどこですか？ 電話番号も教えてください！」という問い合わせの電話がテレビ局に殺到するからです。

視聴者プレゼントのお知らせも同様で、**問い合わせの回避のために、番組ホームページのURLを表示します。**

ただし、URLは一般に長く、メモに控えたり覚えたりするのは現実的に難しいものです。そこで、検索ボックスに番組名を一語入れて、「検索」↖クリック、とすれば、番組サイトがトップに表示される

連絡先などはコーナーの最後に流す

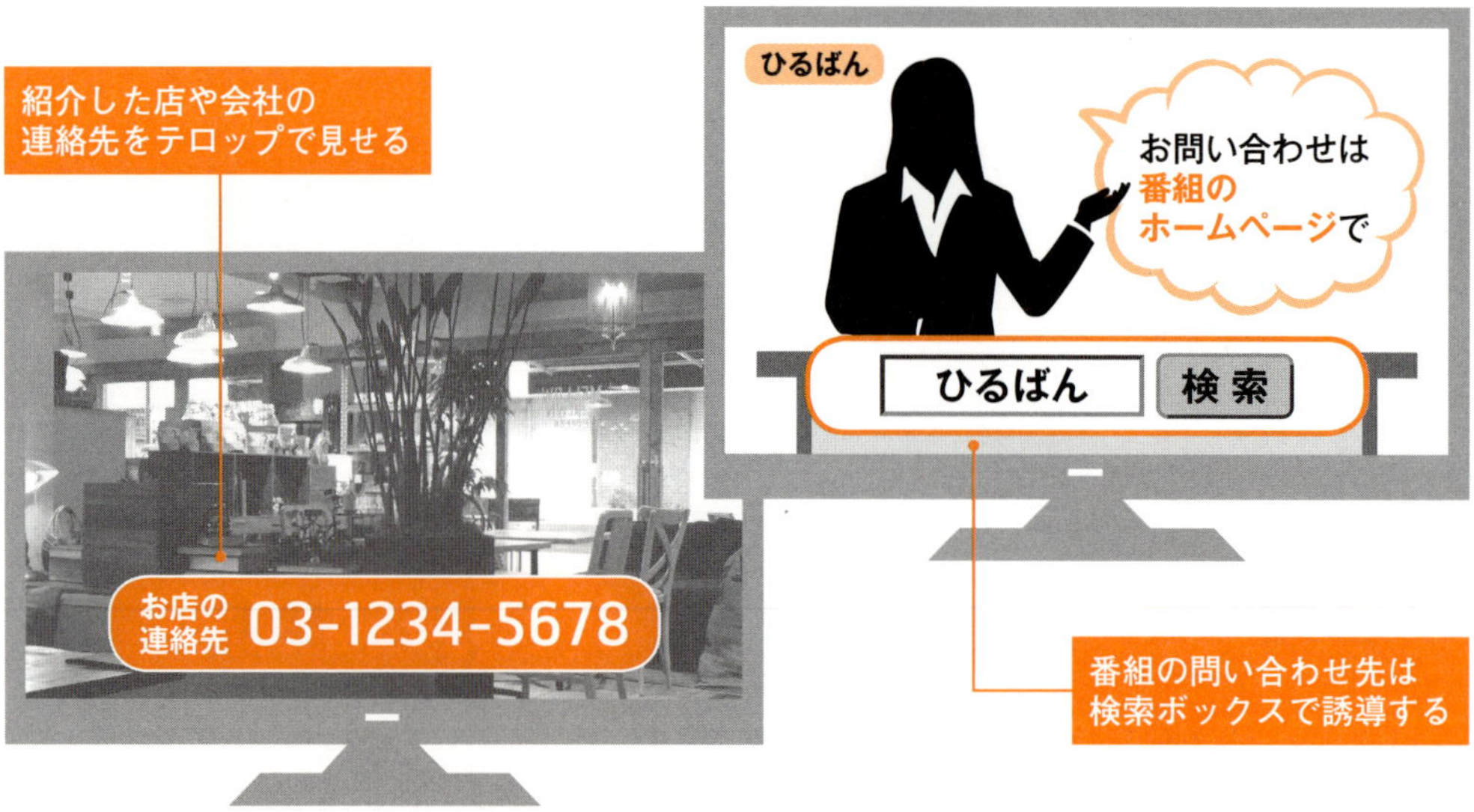
紹介した店や会社の連絡先をテロップで見せる
お店の連絡先 03-1234-5678
ひるばん
お問い合わせは番組のホームページで
ひるばん 検索
番組の問い合わせ先は検索ボックスで誘導する

連絡先を表示しておくことで、問い合わせ電話を多少なりとも回避できる

プレゼンの資料には連絡先を忘れない

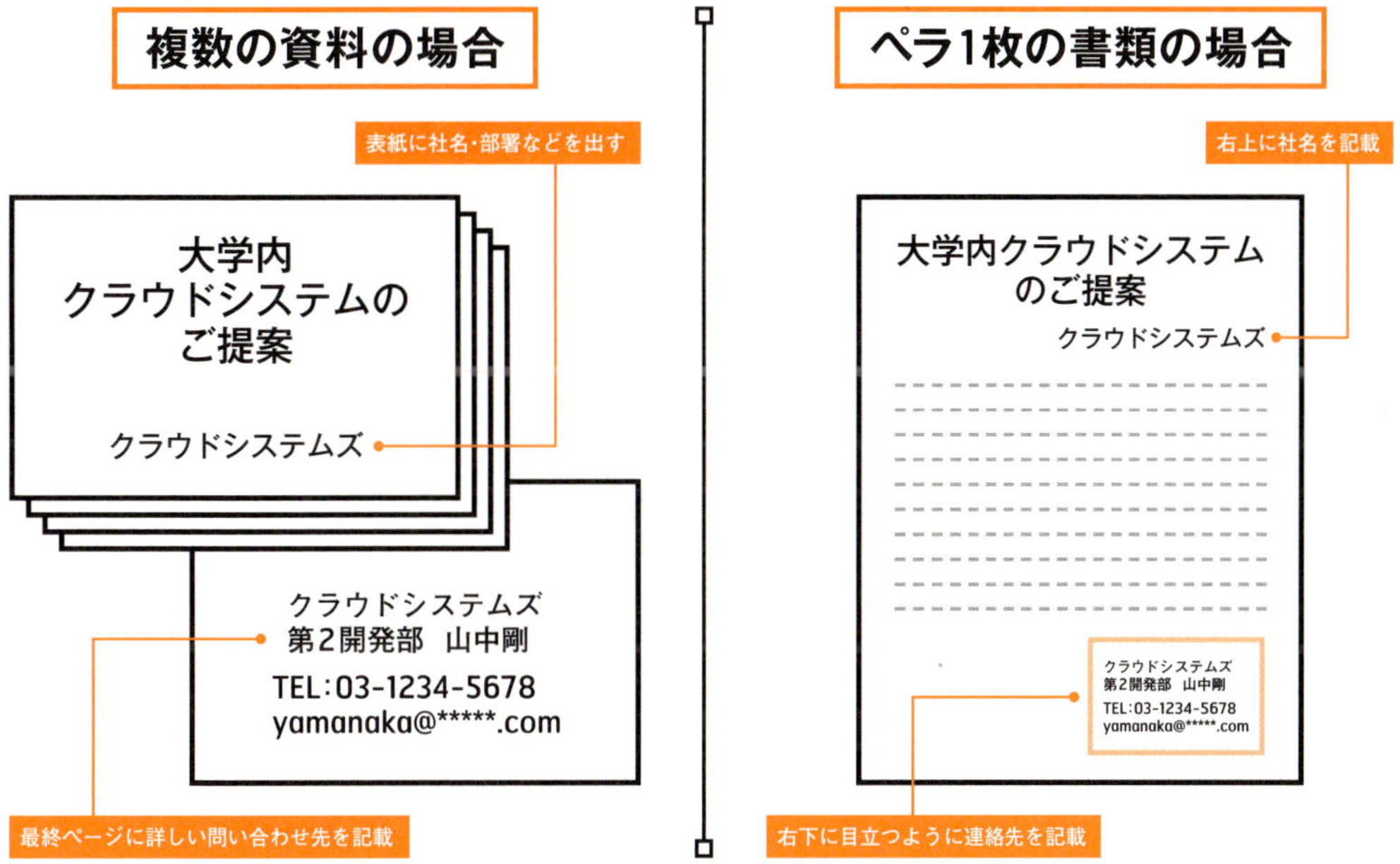
複数の資料の場合
表紙に社名・部署などを出す
大学内
クラウドシステムの
ご提案
クラウドシステムズ
クラウドシステムズ
第2開発部　山中剛
TEL:03-1234-5678
yamanaka@*****.com
最終ページに詳しい問い合わせ先を記載
ペラ1枚の書類の場合
右上に社名を記載
大学内クラウドシステム
のご提案
クラウドシステムズ
クラウドシステムズ
第2開発部　山中剛
TEL:03-1234-5678
yamanaka@*****.com
右下に目立つように連絡先を記載

ような工夫をしています。

連絡先は最初と最後に必ず伝える

プレゼンの資料だけを受け取ったときによくあるのが、社名や連絡先が記載されていないケースです。「この企画いいんだけど、いったいどこの会社の案なの？」となってしまいます。

これを防ぐには、**表紙にまず社名・部署などを出しておきます。**さらに、**詳しい問い合わせ先は最終ページに記載します。**営業マンなら社名だけでなく、部署名や個人名、連絡先の電話番号、メールアドレスも出しておくべきです。会社に問い合わせてもらうのではなく、「私に」連絡してもらうのですから。

ペラ1枚の企画書やプレスリリースならば、右上に社名を入れます。そして、右下に罫線で囲むなど目立つようにしたうえで、社名、部署名、担当者名、電話番号、FAX番号、担当者の携帯番号、メールアドレス、ホームページのURLなどを記載し、どんな方法でも連絡がとれるようにしておきましょう。

伝える技術のレベルが劇的に変化する

必見の3-POINT

① プレゼンの資料の表紙には社名・部署などを出す

② 詳しい問い合わせ先は資料の最終ページに記載する

③ ペラ1枚の企画書やプレスリリースは、右上に社名、右下に連絡先を記載しておく

人は「本日限り」「限定100個」に心をつかまれる

特別なニュースのときはテロップに文言をつける

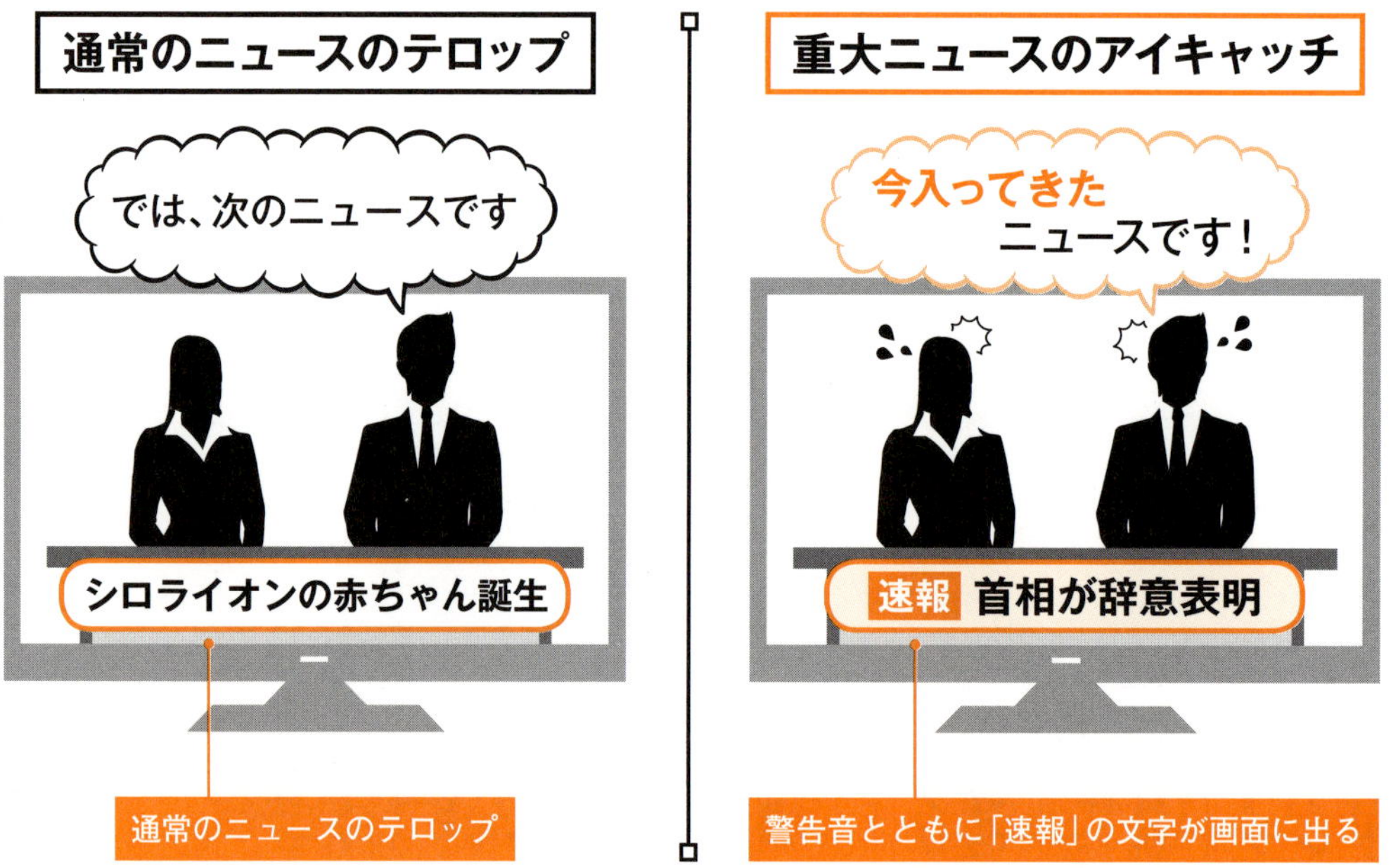
通常のニュースのテロップ
では、次のニュースです
シロライオンの赤ちゃん誕生
通常のニュースのテロップ
重大ニュースのアイキャッチ
今入ってきた
ニュースです！
速報 首相が辞意表明
警告音とともに「速報」の文字が画面に出る

誰もが踊らされてしまう希少価値の法則とは？

Learn TV style!

テレビに出すテロップ（字幕）は、担当者がいつでも短くセンセーショナルな文言を考えています。

そして、さらに**ビックリさせる必要があるときは、番組ごとに決まった定型のデザインフォーマット以外に短い言葉を添えることがあります。**それが「速報」「独占」「中継」といった文字です。色やフォントではなく、**文字そのものがアイキャッチになります。**

「新宿で5人殺傷」や「首相が辞意表明」といったニュースの内容も重要ですが、そこに「速報」という文字が出ているからこそ、〝普通とは違う大きなニュースだ〟と察知して、視聴者はテレビをそのまま見続けることになるわけです。

ピロンという警告音とともに「速報」という文字が画面に出てきたら、読まない人はまずいないでしょう。

プレゼン資料に希少ワードを入れてみる

プレゼンには、常に目的があります。

大型プラントを受注する、プロジェクトを役員会で承認してもらう、新商品を仕入れてもらう……。そのために、モノやサービスの概要やメリットを説明することも大切ですが、それだけでは決定に結びつきません。

そこで使っていただきたいのが、「国内独占販売」「期間限定」「数量限定」「特売」「特価」「優先」「先着100名様」「今だけ」など決定を急がせる言葉です。

いつでも買えると思えば、今買う必要はないと思われて結局買ってもらえなくても、「今週だけ」「今日だけ」と言われれば、「今買おう」ということになります。

プレゼンの成功のためには、決定を急がせる言葉を使います。そのために日本人に効くのは、何といっても希少価値でしょう。

ふだんからチラシや看板などを見て**希少ワードのストックを作っておいたら、それをプレゼン資料の表紙のタイトル、本文中の見出しなど、随所に使っていきます。**

テレビから学べる「伝える技術」の
1ポイントアドバイス

人は「今だけ」という希少ワードを言われると、「今買おう」という気持ちになる。

決定を急がせるには警告を促す単語を入れる

新商品が入荷しました

概要だけでは決定に結びつきにくい

↓

新商品が入荷しました
今なら20%引き！

決定を急がせる言葉を入れると決定に近づく

切迫感や希少価値をあおる言葉をストックしておこう

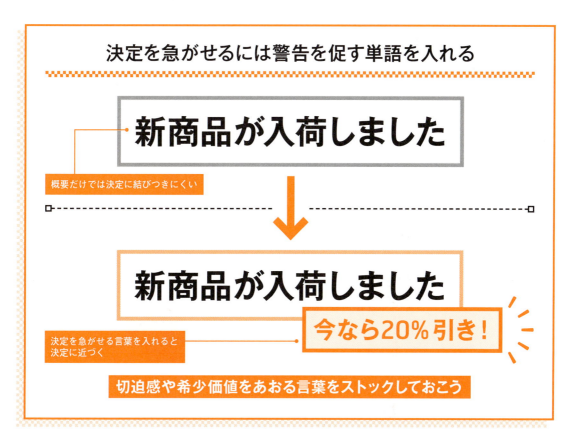

記者会見がいつもロゴずくめの壁の前で行われているのはなぜ？

無意識のうちに潜在意識に刷り込む裏ワザ

Learn TV style!

政党の党首やタレント、スポーツ選手の記者会見のたび、最近では背景にボードが置かれるようになりました。これは、**テレビや新聞のカメラに収まることを前提に、人物の背景を利用して何かを宣伝しようという工夫**です。

背景ボードの構成要素の定番は、団体名や企業名や商品名、アルファベットの表記、マークやロゴ、キャッチフレーズ、ウェブサイトのURLなど。小さめの文字やマークを、二色の市松模様に配置したデザインが主流です。

人物をテレビ用に撮ると顔の外側30センチ四方くらいしか映りません。どの方向から、どれくらいのサイズで撮られるのか分からないので、どこからどのように撮られても文字やマークが映っているように考慮されて、現在のようなスタイルになってきました。

有名人の記者会見の背景ボードとは

どの方向からどのように撮られても文字やマークが映るように市松模様に
Discover
団体名や商品名、ロゴ、キャッチフレーズ、URLなどで構成

テレビインタビューを通してスポンサーの宣伝ができる

プレゼン用の背景ボードの作り方

① 白と別の色の2種類をプリント

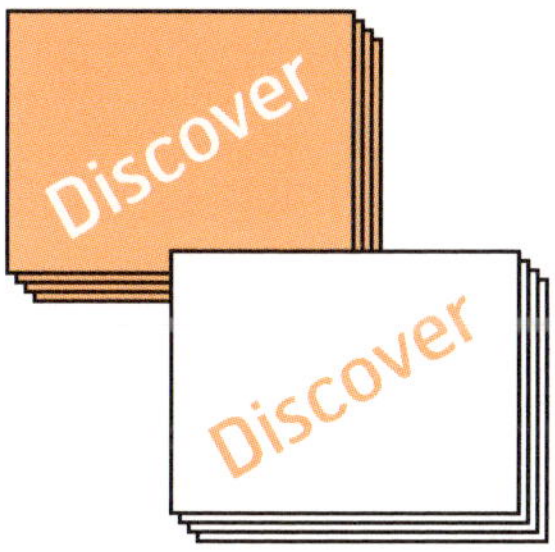

中央に**会社ロゴ**や**アピールしたいこと**をプリント

② 裏側からテープでつなぎ合わせる

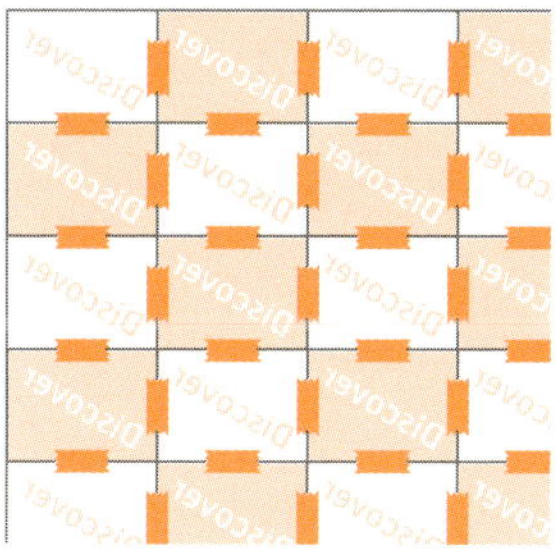

市松模様になるようにテープでつなぎ合わせる

③ 大きな紙に貼り込むのも◎

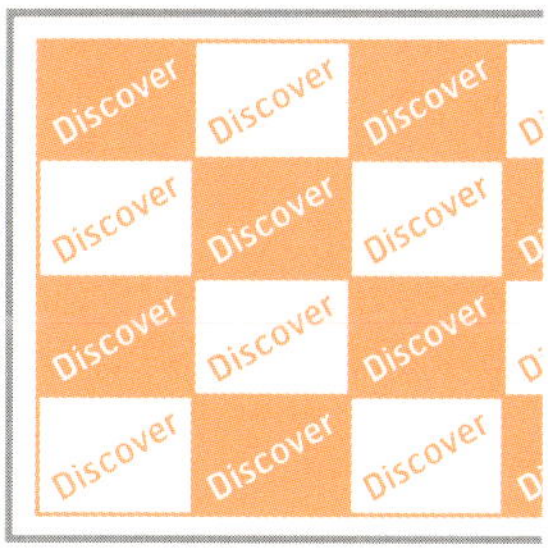

模造紙のような**大判の紙**に1枚ずつ貼り込んでもよい

※プリントショップ等でも注文できます。

背景ボードを自作してブランドやメッセージをアピールする

記者会見を行うような団体や企業は背景ボードのある部屋を用意しているものですが、専用の部屋がない場合は可動式のパネルパーティションやホワイトボードなどで対応しています。

皆さんのプレゼンでもこれをマネて、背景を作ってみてはいかがでしょうか。

色は白と別の色、2色使いが基本で、会社や団体のコーポレート・カラーを使います。カラープリントやカラーコピーでこの2種類の紙を何十枚か用意したら、それらを市松模様になるように貼り合わせます。

A3やA4の紙を裏側から透明テープでつなぎ合わせてもいいですし、模造紙のような大判の紙に貼り込んでいっても結構です。

また、テレビでもプレゼンでも、話し手が身につけているものには当然目がいきます。そして、**目で見たものは、潜在意識にずっと残ります。**

絶対に勝ち抜かなければいけないプレゼンでは、全身を駆使してビジュアルで訴えましょう。

テレビから学べる「伝える技術」の
1ポイントアドバイス

テレビ流の背景ボードを使って、ビジュアルのインパクトでプレゼンを勝ち抜こう。

COLUMN_05

石塚英彦さんやダンディ坂野さんが親しまれる理由

テレビに登場するタレントは、お決まりの衣装や小物を身につけている人が多いですね。

たとえば、“まいう〜” でおなじみの石塚英彦さんのオーバーオール、“おブス” などの辛口ファッションチェックの植松晃士さんのピンク色の棒など。これがないと、街ですれ違っても誰だか気づかないかもしれません。

テレビはそれでは困ります。せっかくギャラを払って出演してもらうなら、タレントの〇〇だと気づいてもらわなければ意味がありません。逆に言えば、「何をやっている誰」と一目瞭然の人を起用したほうが得なのです。

“ゲッツ！” と両手の指をピストルのように突き出すお笑い芸人、ダンディ坂野さんは黄色のスーツがトレードマークですが、大ブレーク後、激太りしてしまった時期があるそうです。すると、街を歩いていても、目印の黄色いスーツを着ているときでさえもダンディ坂野と気づいてもらえなくなったとか。これでは仕事が来ないと焦った彼は、減量して元の体重まで戻したそうです。

つまり、衣装や小物さえ同じ物を身につけていればいいというものではなく、ぽっちゃり、細身などの見た目も含めてその人ということです。激太りも激やせも禁物なのです。

プレゼンで「今日は何を着ていこうか」「これは前回も着たしなあ」と服装に頭を悩ませる方も多いでしょう。

けれども、毎回変える必要はありません。むしろ、いつも同じものを身につけて、あなた自身のキャラクターにしましょう。

知人に、ワイシャツにネクタイではなくループタイを合わせる男性、常にピンクの洋服と小物を身につけている女性などがいます。私はループタイやピンク色の物を目にするだけで、その人を思い出してしまいます。

１回のプレゼンでなかなか成果が出るものではありませんが、回数を重ねていくと、まずプレゼンター自身で思い出され、親しみを持ってもらえるようになります。

Part 06

テレビに学ぶ

1000万人に伝わる

「進行」のワザ

Learn TV style presentation!

「徹子の部屋」にも「おしゃれイズム」にも台本がある

テレビ番組は時間どおり進行するようになっている

トーク番組の場合
引っ込み思案でしたねぇ
小さいころはどんなお子さんでした?
ハハハッ
え〜、意外ですね
自由気ままに話しているのではなく、ある程度段取りがある
ニュース番組の場合
ディレクター
5秒縮めて!
ではこのあたりで失礼します
アナウンサーはディレクターのリクエストに応じて時間を調整している

本番を時間どおりに進めるためには台本を書く

テレビ番組には時間やタイミングのズレがありませんね。**どんな番組でも予定の時間どおりに収まるのは、台本があるからです。**

司会者とゲストのトーク番組がありますが、これも自由気ままに話しているわけではなく、必ず台本があります。「小さいころはどんなお子さんでした?」と聞かれたら「今の私からは想像できないほど引っ込み思案でした」と答える、というふうに、ある程度段取りが決まっているのです。

ニュースの画面に映っている**キャスターも、ニュースの時間が足りないときは、最後のあいさつで調整します。**プロのアナウンサーなら、「5秒縮めて」「7秒増やして」というリクエストにも応えられる訓練を重ねています。その結果、わずかなタイミングのズレも生じないのです。

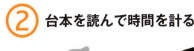

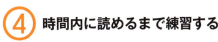

秒単位のプレゼン・スケジュール表を作る

皆さんのプレゼンにおいても「1時間でも2時間でも好きなだけやってください」というケースはないはずです。「5分で」とか「質疑応答を入れて15分で」という制約がある場合がほとんどでしょう。

では、時間を守るために何をすればいいか。それはやはり、台本の準備です。

1分とか2分という持ち時間しかない場合は、一字一句原稿に書き起こします。そして、ストップウォッチ片手に、**各パートの時間を計りながら読み上げていきます。**

プロの話し手ではない皆さんなら、途中で間違えて言い直すことなどを想定して、全体時間の1割程度の余裕をみます。たとえば2分のプレゼンなら、12秒の余裕は持っておくということです。

時間内に収めるためには、まずタイムを計ります。オーバーするようなら文言の削減、足りないなら追加。台本を書き直して、もう1回最初から練習。これを繰り返すしかありません。非常に面倒ですが、プロ集団が作るテレビ番組では当然毎日やっていることです。

テレビから学べる「伝える技術」の
1ポイントアドバイス

時間制限があるプレゼンでは、必ず台本を準備して練習を繰り返す。

Learn TV style!

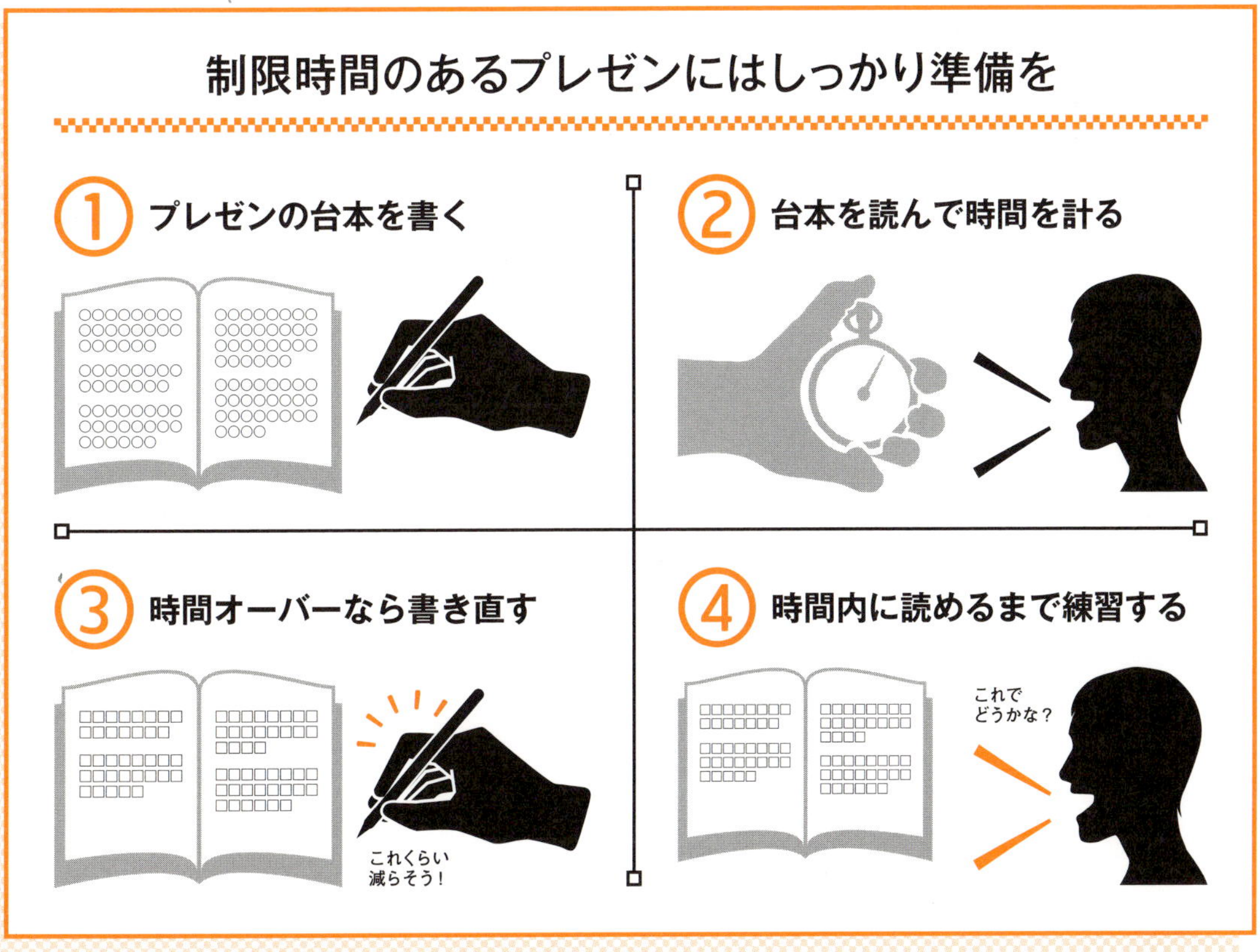
制限時間のあるプレゼンにはしっかり準備を
① プレゼンの台本を書く
② 台本を読んで時間を計る
③ 時間オーバーなら書き直す
これくらい減らそう！
④ 時間内に読めるまで練習する
これでどうかな？

本番で絶対失敗しないために、ひたすら練習する

一発勝負のスポーツ中継もぶっつけ本番ではない

Learn TV style!

「テレビに出ている人はアナウンサーやタレントだから話がうまいんでしょ？」と思われている方も多いかもしれません。

もちろん、彼らが声がよくて、機転が利くのは事実でしょうが、毎日練習とリハーサルを重ねているから上手に話せるのです。

まずは、**人から見えないところで発声練習。スタジオに入ってからは直前でも準備された原稿を声に出して読みます。**これは秒数計測の意味もあり、読めない漢字や外国語に気づく予習でもあります。

たとえば、日本武道館の日本はニホンなのかニッポンなのか。山本裕子さんは、ユウコさんなのか、ヒロコさんなのか……。こういったことは、声に出して読んでみないと気づけないことです。

生放送のスポーツ中継でさえも、試合前から試合をやっていると想

どんな番組もしっかり準備している

ニュース番組の場合

山本ヒロコですね
山本裕子《ユウコ》さんは…
あと、時間は5秒オーバーしていますね

準備された原稿を読み、文字の読み方や速さを確認

料理番組の場合

素材だけ
切ったもの
加熱したもの

さまざまな段階の下ごしらえをしておく

リハーサルを徹底的に繰り返す

家族や同僚に協力してもらう

この商品の
一番の特徴は…

できれば本番同様の人数、
同じ広さのスペースを用意して行う

協力が得られないときは…

この商品の
一番の特徴は…

ひとりでもぬいぐるみ相手に行うなど、
工夫を凝らしてとにかく練習を繰り返す

10回、20回と練習すれば自信満々で本番のプレゼンに臨める

定して何度もカメラやマイクなど機材のテストをします。

特に**準備が徹底しているのが料理番組。**素材だけ、切ったところ、加熱した状態などさまざまな段階の下ごしらえをしてあるからこそ、本番の数分だけで紹介ができるのです。

人間を相手に、何回でも練習を繰り返す

プレゼンのリハーサルをするときは、できればひとり以上の聴衆役をお願いしましょう。私の元上司の社長はリハーサルのため、しょっちゅう社員を駆り出していましたが、時間のないときは自宅でお嬢さんにお願いしていたようです。どうしても協力が得られないときはぬいぐるみ相手に練習していたと聞きます。

私も絶対失敗できないクラスの講師をやる場合は、受講生が10人なら友人知人10人に集まってもらい、会場の広さや時間もなるべく同じにして模擬講習をやります。

成功する確率は、リハーサルの回数に比例して上昇します。最初は手足が震えていても、10回20回と練習すれば自信満々になります。

テレビから学べる「伝える技術」の
1ポイントアドバイス

プレゼンが成功する確率は、リハーサルの回数に比例して上昇する。

Learn TV style!

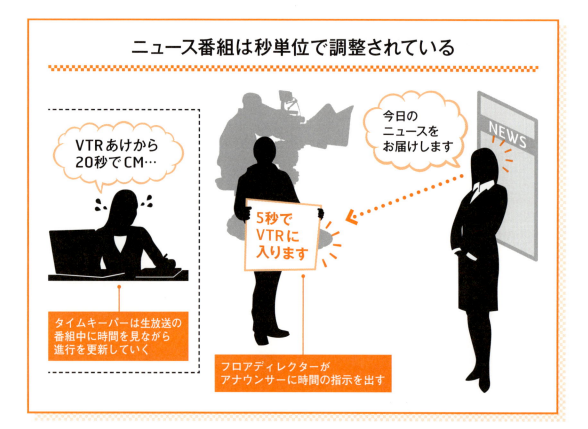

ドラマもニュースも時間ぴったりに終わるのはなぜ?

ニュース番組は秒単位で調整されている

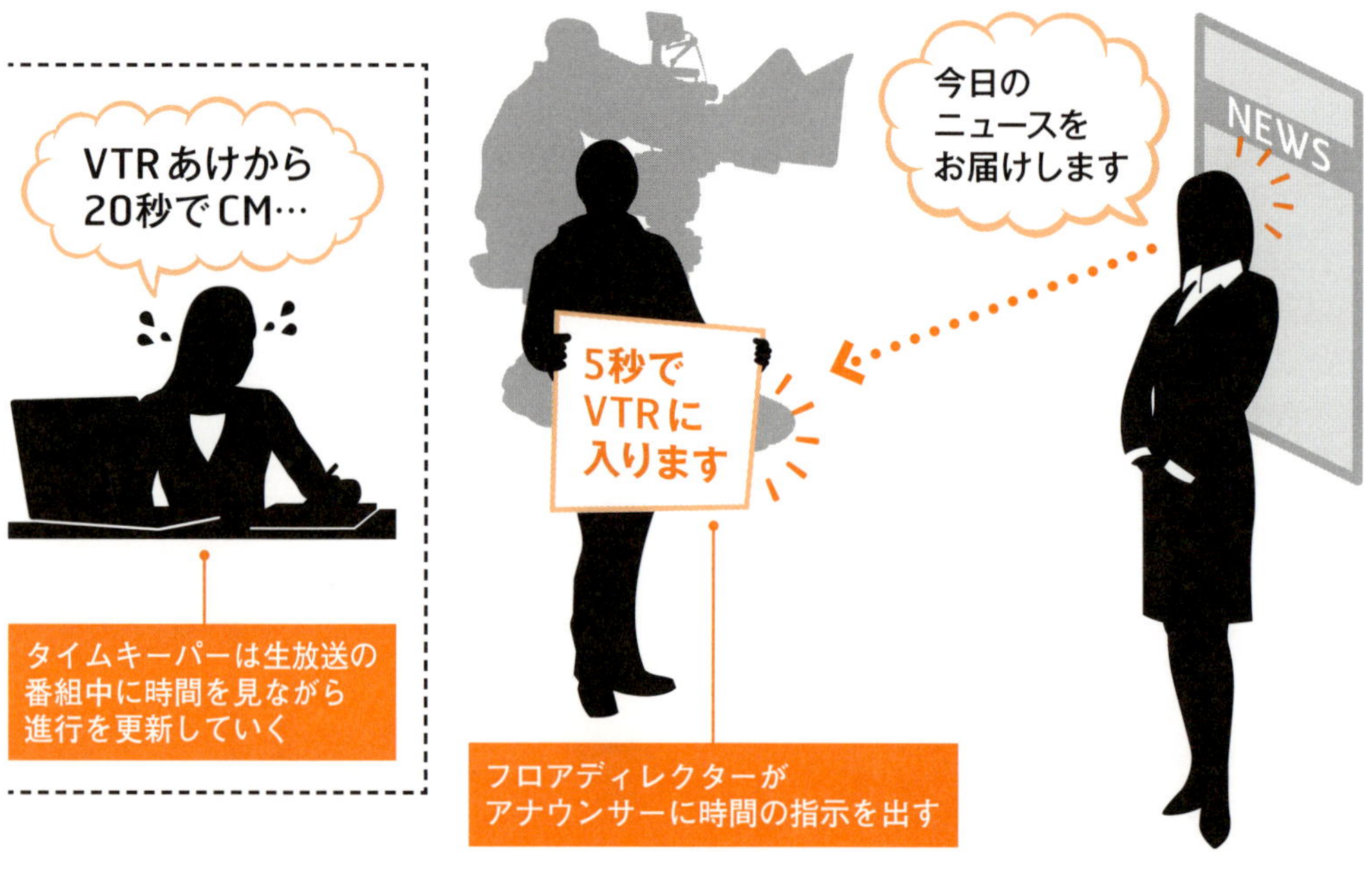
VTRあけから20秒でCM…
タイムキーパーは生放送の番組中に時間を見ながら進行を更新していく
5秒でVTRに入ります
フロアディレクターがアナウンサーに時間の指示を出す
今日のニュースをお届けします
NEWS

時間どおりに進行させるためには担当者をつける

Learn TV style!

テレビ番組を時間内に収めるためには、「タイムキーパー」の存在が欠かせません。

生放送のニュース番組では、番組中でもどんどん内容の追加・カットが繰り返されますが、タイムキーパーは、そのつど、秒単位で調整をつけていく役割を担っています。

正確には分業されていて、タイムキーパーがパートごとの時間を割り振って進行表（台本）を更新します。そして、それとは別にフロアディレクターが声やボード、手の合図で秒数を示しながら、アナウンサーや司会者に指示を出していきます。

テレビにときどき映る、出演者にスケッチブックを見せたり、指で「あと3・2・1」という動きを見せている人がフロアディレクターです。

グループ発表では役割を分担する

テレビにおける時間管理の手法は、一般のプレゼンにもじゅうぶん応用できます。

たとえば、グループでの発表という場合、聴衆の前で説明するのは基本的にはひとりです。プレゼンターはきちんと事前に分・秒を計って書いた台本を準備し、何回もリハーサルを行うのはあたり前ですが、どんなハプニングが起こるか分からないのがプレゼン。

余裕があれば、**ストップウォッチを見守るタイムキーパー役とプレゼンターにキュー（合図）を出すフロアディレクター役を決めます。**

さらに人数に余裕がある場合は、**スライドを次々と出していくパソコン操作担当者も配置すれば、プレゼンターがスピーチに集中できます。**

タイムキーパー役は台本とストップウォッチを見比べながら、予定どおりに進んでいるかを確認します。フロアディレクター役は、「あと3分」「遅れているので早めに」などのメッセージを準備し、これを聴衆に気づかれないよう、会場の後ろで見せていきます。

伝える技術のレベルが劇的に変化する

必見の③-POINT

① **プレゼンターは台本を準備し、何回もリハーサルを行う**

② **タイムキーパー役は、進行を確認する**

③ **フロアディレクター役は、聴衆に気づかれないようにメッセージを会場の後ろで見せる**

プレゼンでのタイム管理の役割

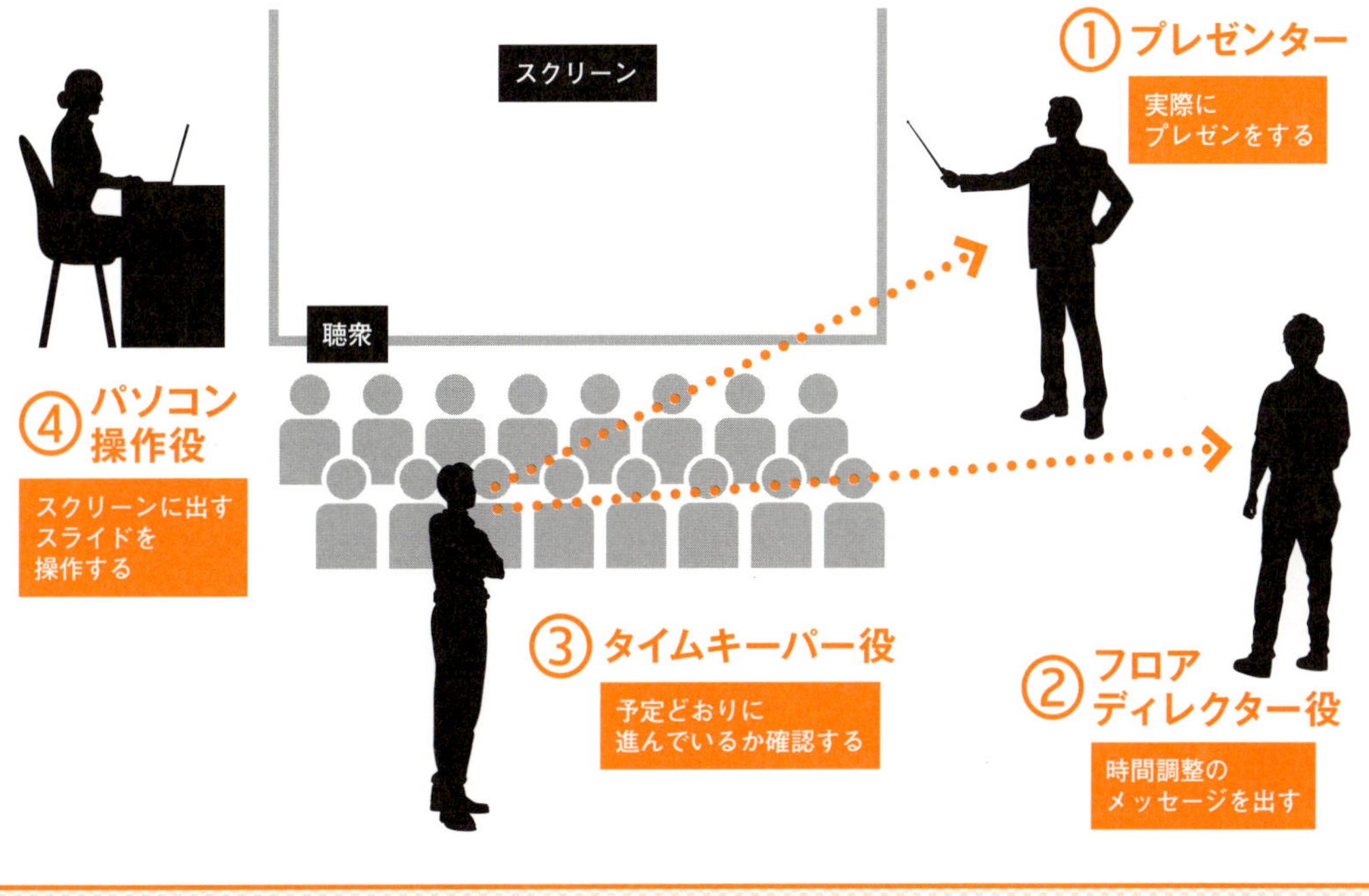
スクリーン
聴衆
①プレゼンター
実際にプレゼンをする
②フロアディレクター役
時間調整のメッセージを出す
③タイムキーパー役
予定どおりに進んでいるか確認する
④パソコン操作役
スクリーンに出すスライドを操作する

想定できるすべてのケースに対策を準備しておく

雨で野球の試合が中止になったら「雨傘番組」

Learn TV style!

テレビの生番組では、大きなニュースやアクシデントなどで進行が大きく変わることがあります。

野球中継では、ひと昔前は球場のほとんどが屋外だったため、雨天中止の場合のために予備の番組が作られていました。通称「雨傘番組」。ほかにも、優勝がかかったプロ野球チームが優勝した場合としなかった場合、ゲストに大物政治家が来た場合と来られなかった場合、有名な容疑者が逮捕された場合と逮捕されなかった場合など、どちらのニュースが来てもいいように綿密な計画を立てています。

大規模災害のときも緊急番組に切り替わります。これはあらかじめ災害のレベルに応じて、画面上部に速報のみ、通常番組は進行しつつ文字情報を流す、通常番組を中止してニュース番組に切り替え、など対応を決めてあるからです。

災害時の緊急番組の対応は決まっている

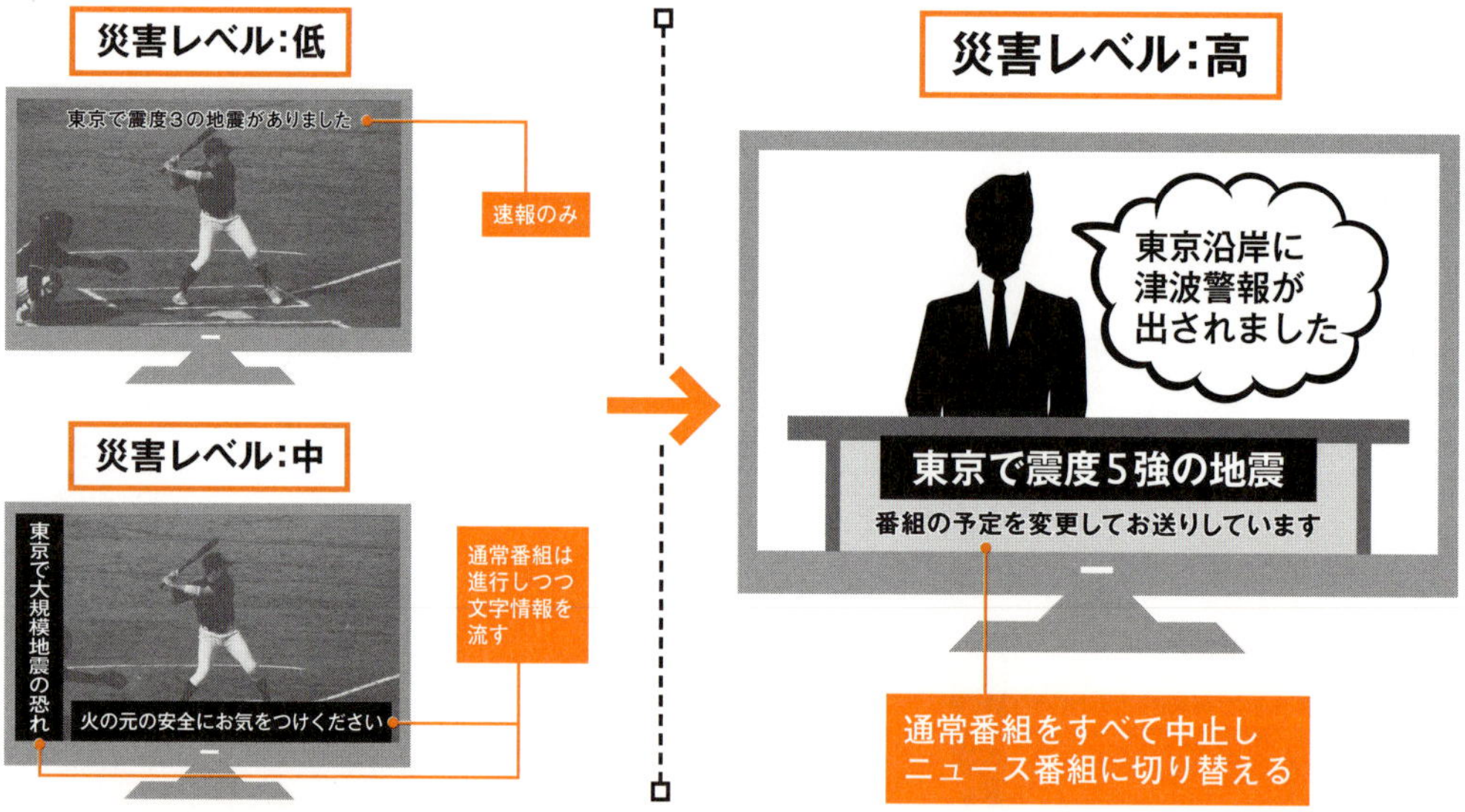
災害レベル:低
東京で震度3の地震がありました
速報のみ
災害レベル:中
東京で大規模地震の恐れ
火の元の安全にお気をつけください
通常番組は進行しつつ文字情報を流す
災害レベル:高
東京沿岸に津波警報が出されました
東京で震度5強の地震
番組の予定を変更してお送りしています
通常番組をすべて中止しニュース番組に切り替える

大震災レベルの災害を想定した放送の訓練は、毎年行われている

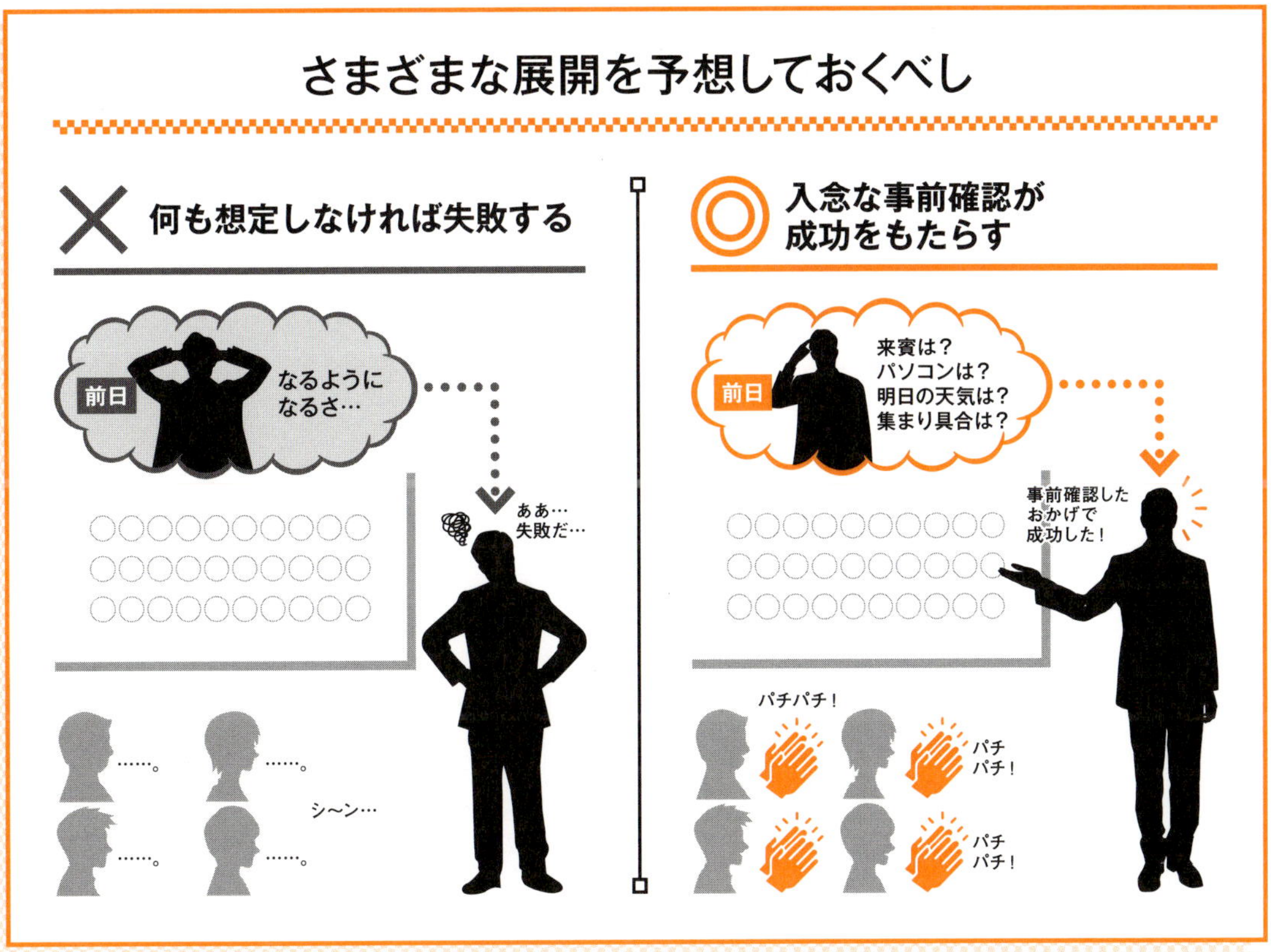
さまざまな展開を予想しておくべし
何も想定しなければ失敗する
前日
なるようになるさ…
ああ…失敗だ…
……。
……。
シ〜ン…
……。
……。
入念な事前確認が成功をもたらす
前日
来賓は？
パソコンは？
明日の天気は？
集まり具合は？
事前確認したおかげで成功した！
パチパチ！
パチパチ！
パチパチ！

失敗しない人は、より多くのトラブルを想定できる人

プレゼンの現場では、どういう展開を想定しているでしょうか。来賓が出席できる場合とできない場合、晴天の場合と雨天の場合、パソコンが使える場合と使えない場合、聴衆が多くて盛況の場合と集まりが悪い場合……。

「なるようになるさ」などと考えている人は必ず失敗します。天候や災害など予測不能なことはありますが、パソコンが使えるかどうかとか参加見込み数などは、事前に確認をとればいいだけの話です。こうした確認を軽んじたプレゼンが失敗するのは、当然といえば当然のことでしょう。

長年の経験から、こういうことが起こるかもしれない、ああいうことが起こるかもしれないとイメージをふくらませ、こういうことが起きたらこのように対処しようという策を練っているのがテレビです。

私が見てきた中でのテレビの予備プログラムの最多数は、8パターン。私たちが行う**プレゼンでも、最少でも2種類の進行は考えておくべき**でしょう。

テレビから学べる「伝える技術」の
1ポイントアドバイス

イメージをふくらませ、あらゆる場面に対応できるプレゼンの準備をしておく。

Learn TV style!

COLUMN_06

聞き手の知りたいことを尋ねる「ガッテン！ 問いかけプレゼン」

私がスタッフとして関わった番組のひとつにNHKの「週刊ニュース深読み」があります。

小野文恵アナウンサー（以下、アナ）が司会、徳永圭一アナ、中山準之助アナが週替わりで交代して模型を使った大がかりなプレゼンを展開し、難解な時事用語を解説します。

この番組のメインは、進行役の小野アナです。しかし彼女は、「〇〇は△△です」という解説もプレゼンもしません。彼女の役割は「私たちには難しくてよく分からないんですが…」とゲストの有識者に問いかけること。毎週、本当に困った顔をしています。

すなわちこの番組は、情報発信をするプレゼンターと問いかけ役の司会者のかけ合いで成り立っているニュースなのです。

小野アナは、時事問題が分からない視聴者の「いったいどうなってるの？」を代表して質問を投げかけているわけです。彼女の内心を代弁するなら、「きっとあなたも、ここが分かりませんよね？　私が聞いてみるわ」。

さらにこの番組は明確な答えを出しません。「原発は必要」とも「原発は不要」とも結論づけない。

必ず、賛成派と反対派、ときには中立派の有識者も呼んでいます。「結論はこうです」ではなく、視聴者に問題意識を持ってもらい、考えてもらうための番組なのです。

台本も決まっていますが、敵同士のぶつかり合いで、あらぬ方向に向かいそうになることがあります。

それを阻止するのが小野アナの役目でもあります。ときには、誰かの意見をさえぎって割って入ってでも軌道修正していきます。

プレゼンは基本的にはひとりで行うものですが、複数の人間で進行するプレゼンの場合、小野アナのような役が必要です。

聞き手の知りたいことを代わりに尋ねる、プレゼンターが困っていたら助け舟を出す、会場が紛糾したら交通整理する。プレゼンの成否は小野アナのような人の存在にかかっています。

Learn TV style!

01 テンプレート作成

テレビが番組ごとのひな形で画面を作っていくように、
資料も最初に基本となるテンプレートを作ります。

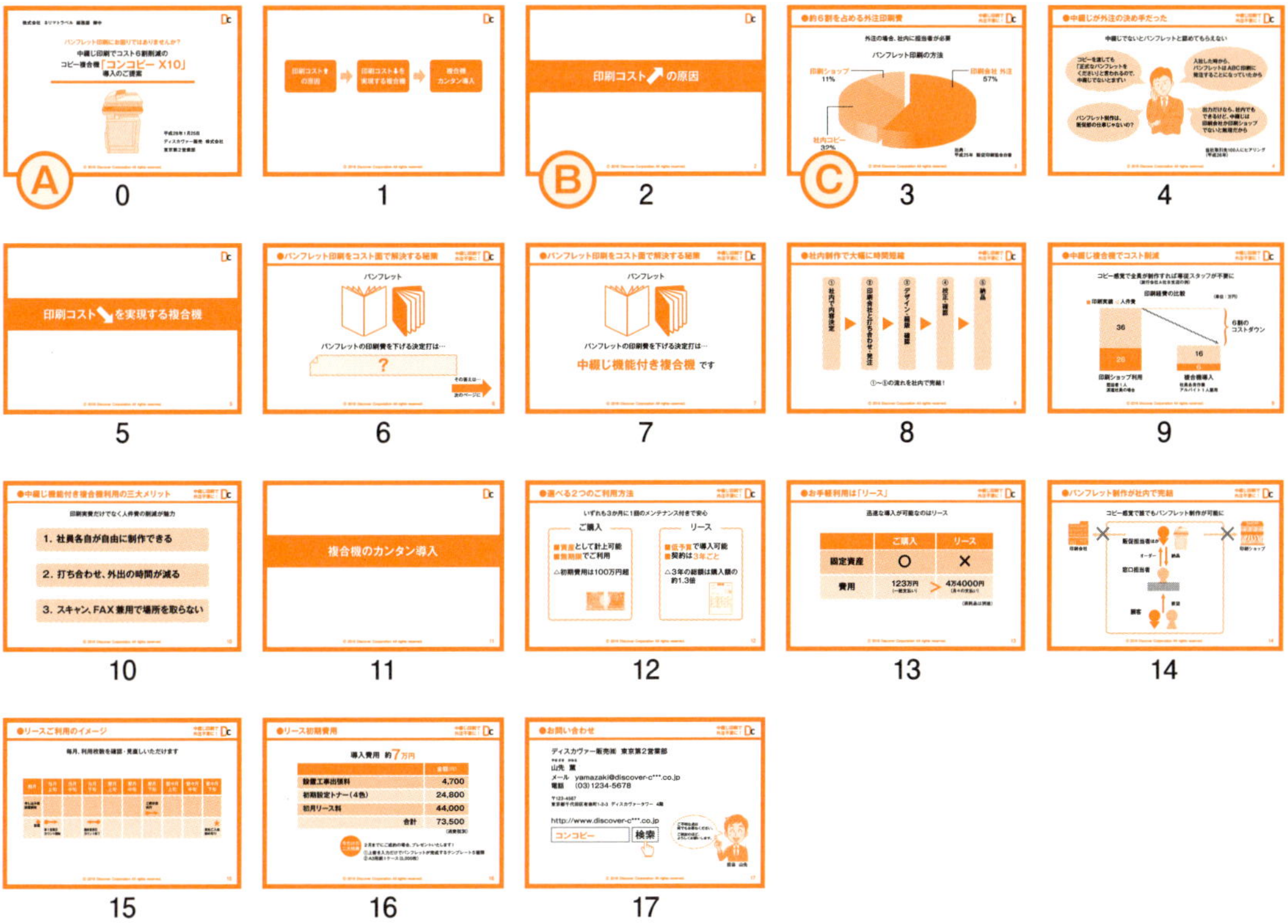

POINT このサンプルではⒶ表紙、Ⓑ中表紙、Ⓒ本文ページの3種類をスライドマスターに作って展開します。

POINT テレビが番組ごとに決まった色があるように、最初から最後まで、テーマカラーで統一することで、ブランディングが確立されます。

POINT テレビ画面の背景は映像を隠さないために透明になっています。資料も背景は白がベストです。

POINT コピーライト表記は、模倣されないための防止策なので、表紙を含む全ページに入れます。

巻末付録 テレビのテクニックを使って、実際にプレゼン資料をつくってみよう！

02 表紙

表紙はただのカバーではありません。冒頭から内容を直感させるための素材をレイアウトします。全貌が分かり、それだけで心が動く表紙が理想的です。

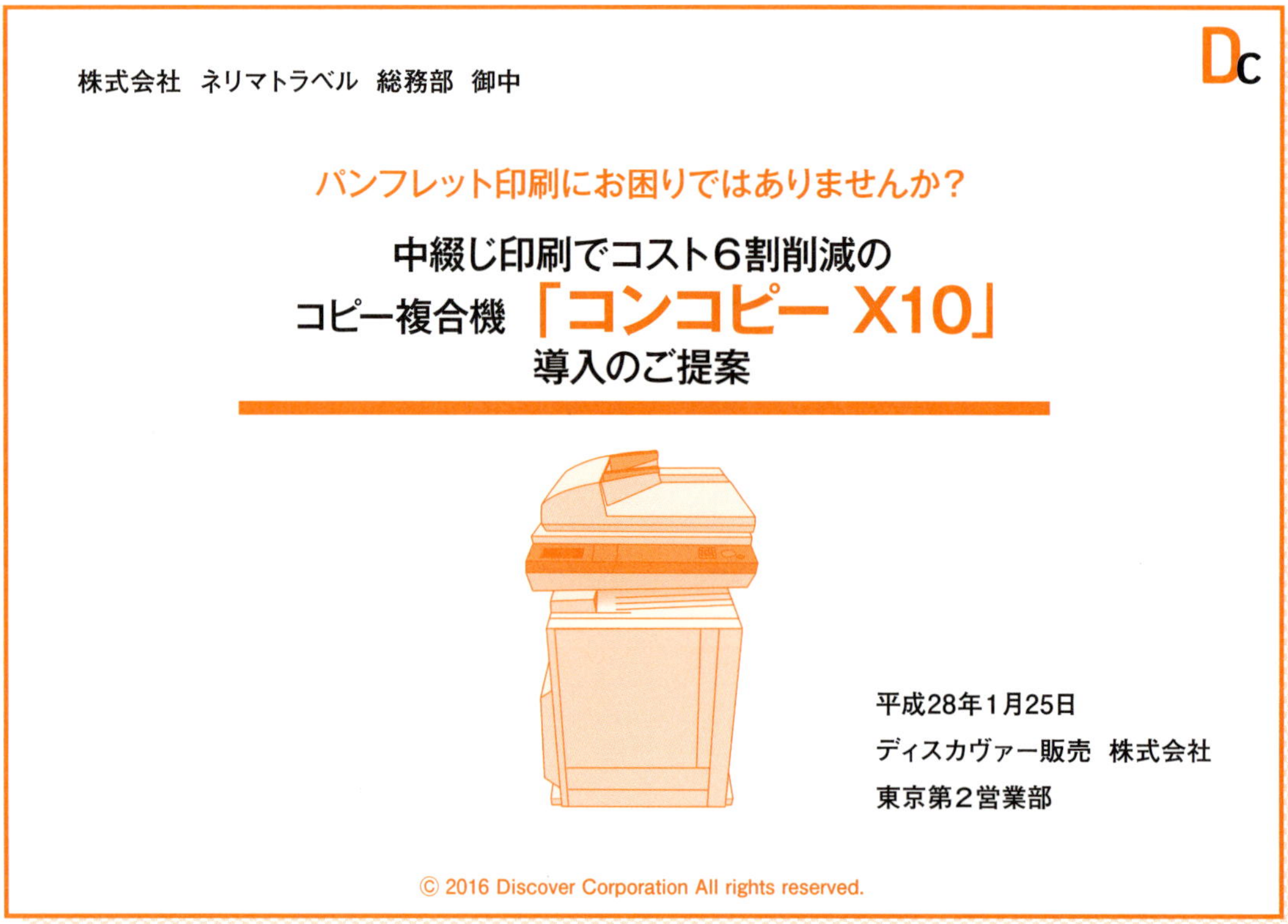

株式会社　ネリマトラベル　総務部　御中
Dc
パンフレット印刷にお困りではありませんか？
中綴じ印刷でコスト6割削減の
コピー複合機「コンコピー X10」
導入のご提案
平成28年1月25日
ディスカヴァー販売　株式会社
東京第2営業部
© 2016 Discover Corporation All rights reserved.

POINT 問いかけのキャッチコピーで、相手の気持ちにフックをかけます。

POINT タイトルにも数字を入れて（コスト6割削減）、16字以下で、概要を1行で伝えます。

POINT 相手のベネフィットを盛り込んで、相手の心を動かしましょう。この例では“中綴じ印刷でコスト6割削減の”がそれにあたります。

POINT 読ませる資料ではなく、内容に関連のあるビジュアルを入れて直感させます。

03 ビジュアル目次

最初に提案書全体の概略をガイドします。
全貌が分かっていれば、最後まで読みたくなります。

Dc
印刷コスト⬆の原因
印刷コスト⬇を実現する複合機
複合機カンタン導入
© 2016 Discover Corporation All rights reserved.
1

POINT 全体を3部構成に分けて、全体像を見せます。

POINT 文字をビジュアル化（⬆、⬇）して、直感しやすく伝えましょう。

POINT ページ番号はここからスタートします。
表紙、目次には入れません。

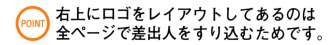

04 中表紙

ページがだらだら続く資料は理解しにくいものです。テレビではコーナーが変わるときにコーナータイトルをはさみます。提案書でも「ここから話題が変わる」と読み手に分かるように、パートごとに中表紙をはさみます。

Dc
印刷コスト↗の原因
© 2016 Discover Corporation All rights reserved.
2

POINT 右上にロゴをレイアウトしてあるのは全ページで差出人をすり込むためです。

POINT 「増加」という言葉を「↗」(矢印記号)に置き換えて直感させています。

05 1ページ1オブジェクト

テレビの１画面ではひとつのことしか説明しないのと同様に、提案書でも１ページではひとつのメッセージしか伝えません。表やグラフなどのオブジェクトも１点しか入れません。

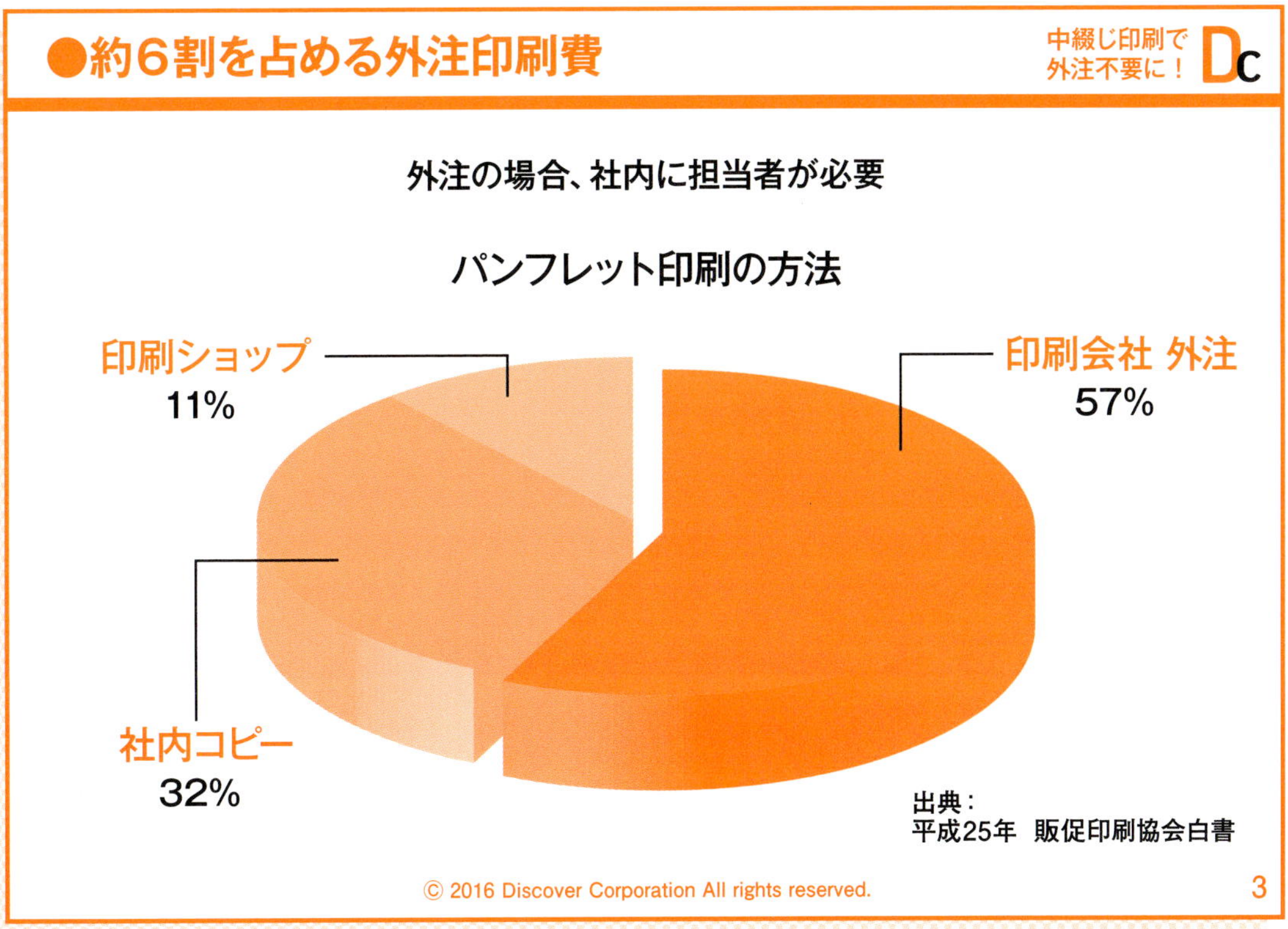

POINT 右上にはテレビのサイドテロップのようにメッセージとロゴを入れ、最後までメッセージを見せ続けて、相手の潜在意識にすり込みます。

POINT 判断基準となる数字を視覚でアピールします。

POINT グラフの中でも注目させたい部分は色変更、切り取りなどで目立たせましょう。

POINT データには出典を明記する必要があります。

06 文字をビジュアル化

説明文が長いと一切読まれません。改行を入れて、1行の文を短くします。さらに、図形を組み合わせることによって、読みやすくなります。

●中綴じが外注の決め手だった

中綴じ印刷で
外注不要に！ Dc

中綴じでないとパンフレットと認めてもらえない

コピーを渡しても「正式なパンフレットをください」と言われるので、中綴じでないとまずい

入社した時から、パンフレットはABC印刷に発注することになっていたから

パンフレット制作は、販促部の仕事じゃないの？

出力だけなら、社内でもできるけど、中綴じは印刷会社か印刷ショップでないと無理だから

当社取引先100人にヒアリング
（平成26年）

4

POINT 文章を分割し、吹き出しに入れてセリフ風に見せています。

POINT 図の吹き出しのように、塗り色のついた図形を背景に敷くことで、文字列がひとかたまりに見えます。

07 めくりフリップ効果

提案の中で最も重要なポイントは、一度隠しておいてから見せます。テレビで使っているめくりフリップの要領です。「隠れている部分には何があるのだろう？」と立ち止まって考えることで、記憶に残っていきます。

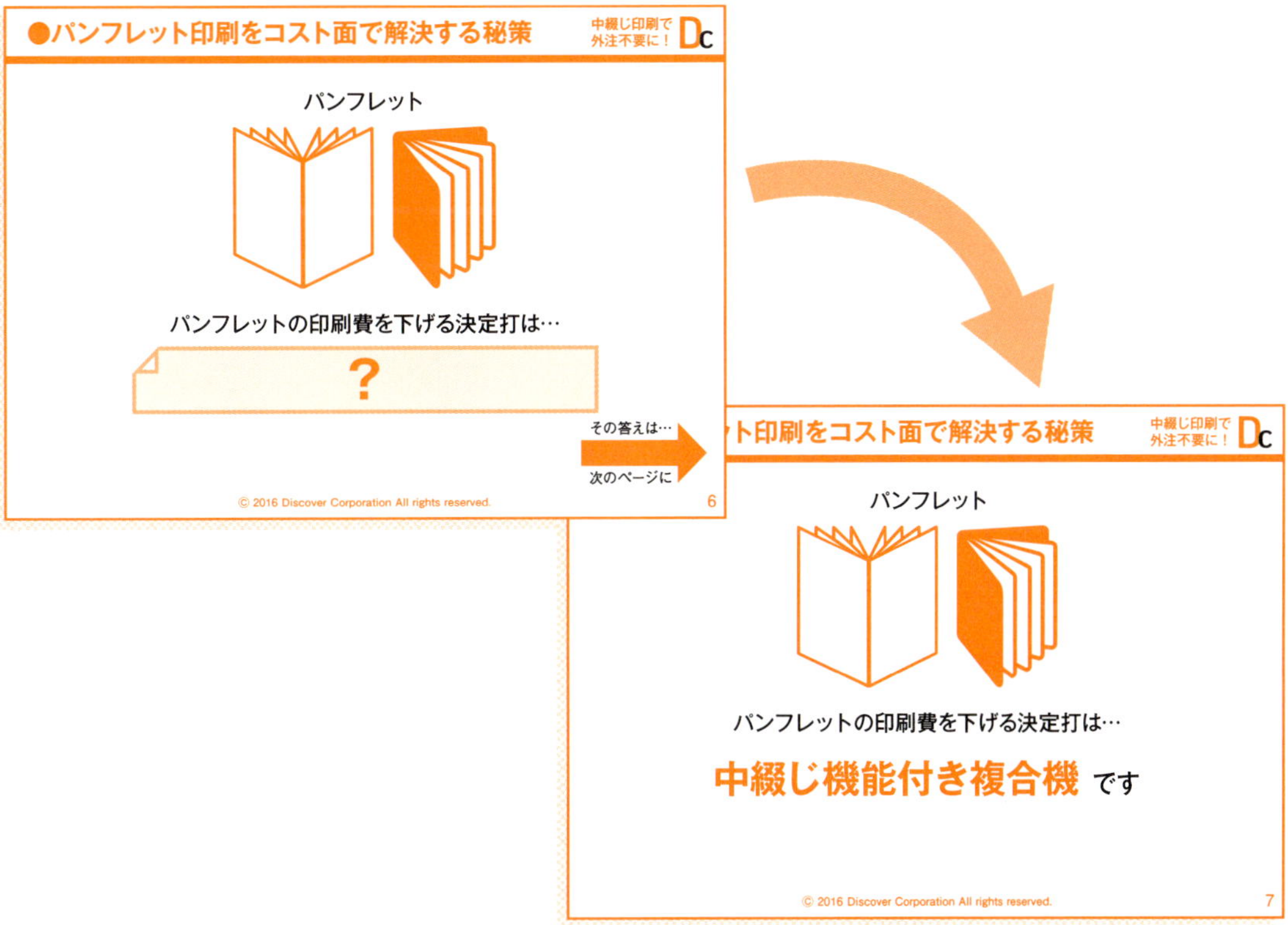

POINT 6ページめの右下にある誘導矢印と説明で、ページをめくってもらうように誘導しています。

POINT スライドではアニメーションで図形を消して下の文字を見せれば、2ページに分けなくても1ページで紹介できます。

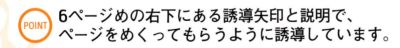

08 レイアウト位置の意味合い

画面、紙面の中に文字やビジュアルをレイアウトするにはルールがあります。事象を時系列で見せるときは、「左→右」「上→下」でレイアウトします。逆に配置すると、勘違いされる可能性があります。

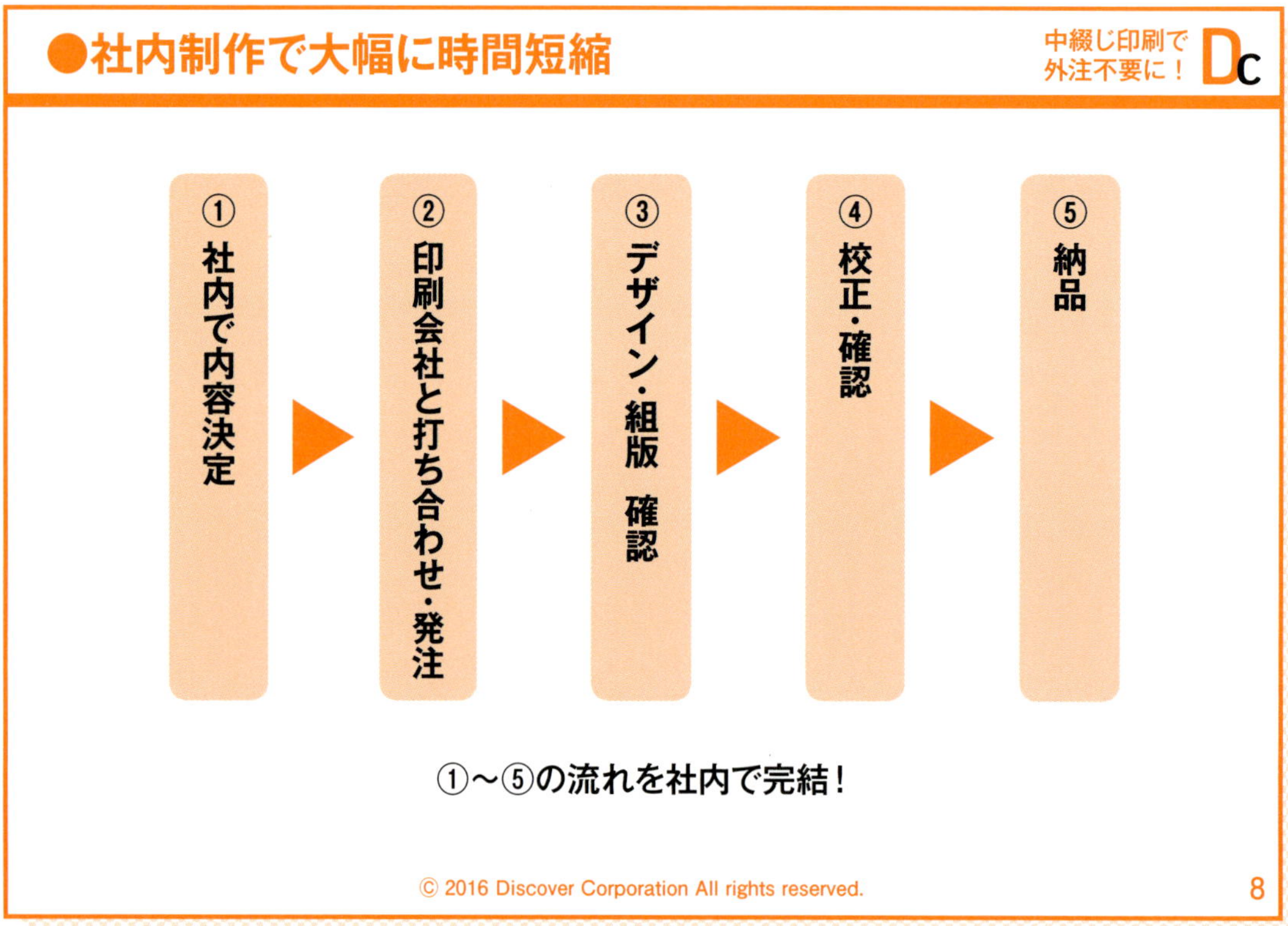

POINT オブジェクトは上下左右、中央いずれかのラインで揃え、等間隔にレイアウトすることで、読み手に安定感を与えることができます。

POINT 矢印以外に三角でも、流れを見せることができます。

POINT テレビで使う図形には「枠線」(ふちどり)がついていないことがほとんどです。

09 ページタイトルで伝える

左上のページタイトルは、
このページで伝えたい内容をコンパクトにした文を入れます。

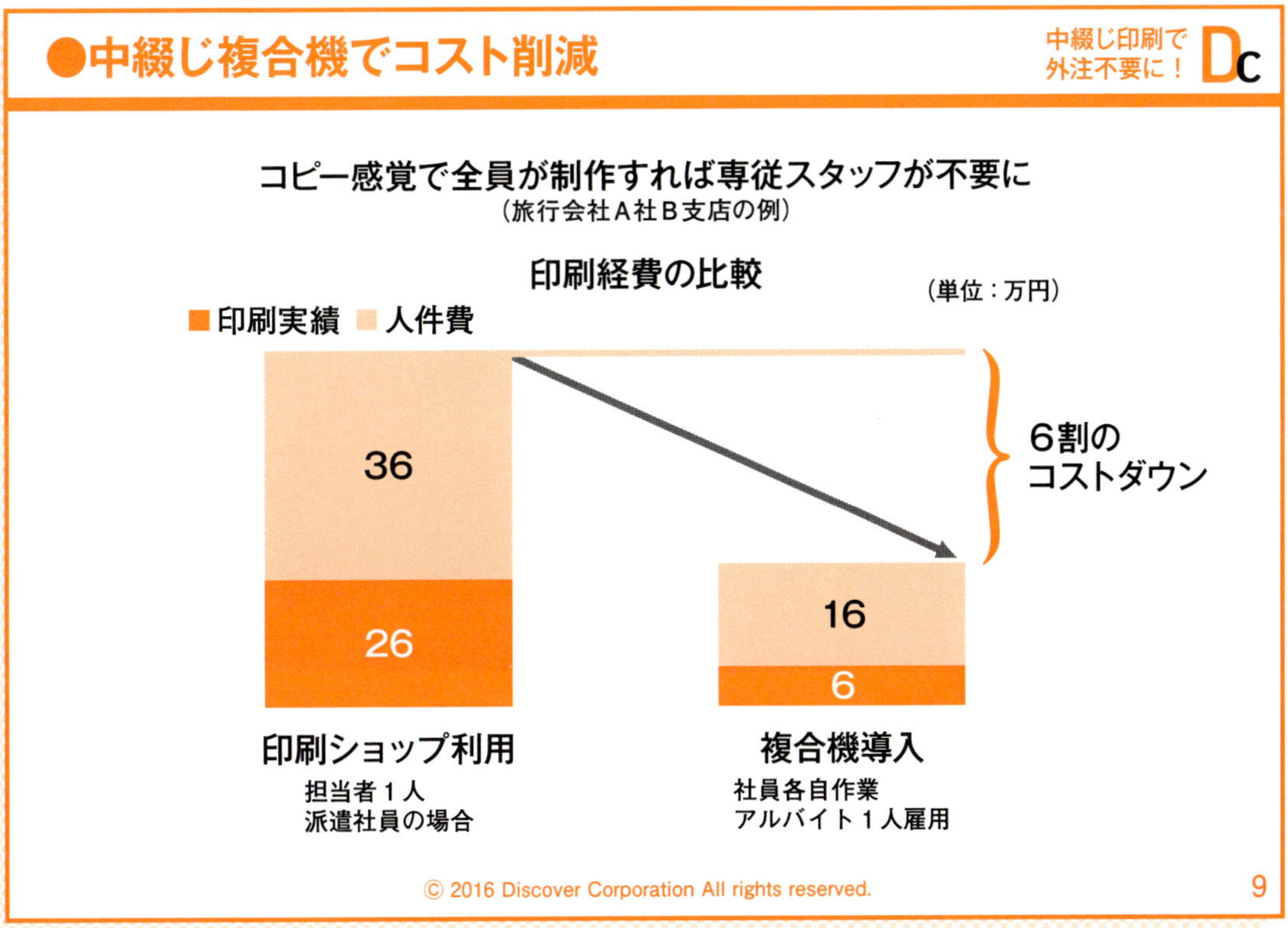

POINT 「はじめに」「市場動向」「コンセプト」といったページタイトル言葉では、すべてを読まないと内容が把握できません。

POINT このページで伝えたい内容を短い一文で表すのがページタイトルのポイントです。

10 3点に絞って箇条書き

どれだけ多くの情報があっても、3つに整理して伝えます。
それ以上を押しつけても記憶には残りません。

●中綴じ機能付き複合機利用の三大メリット

中綴じ印刷で
外注不要に！

印刷実費だけでなく人件費の削減が魅力

1. 社員各自が自由に制作できる

2. 打ち合わせ、外出の時間が減る

3. スキャン、FAX兼用で場所を取らない

10

POINT 本文エリアでも結論にあたるメッセージは、目立つ上部にレイアウトします。

POINT 優劣のある箇条書きは、「1. 2. 3.」や「A. B. C.」などの記号をつけます。

POINT 目にとまりやすくするため、各条はほぼ同じ字数にします。2行にまたがるような長文は読み間違いにつながります。

11 イラストや写真で見せる

読み手に臨場感を与えるにはイラストや実際の写真を入れて見せます。

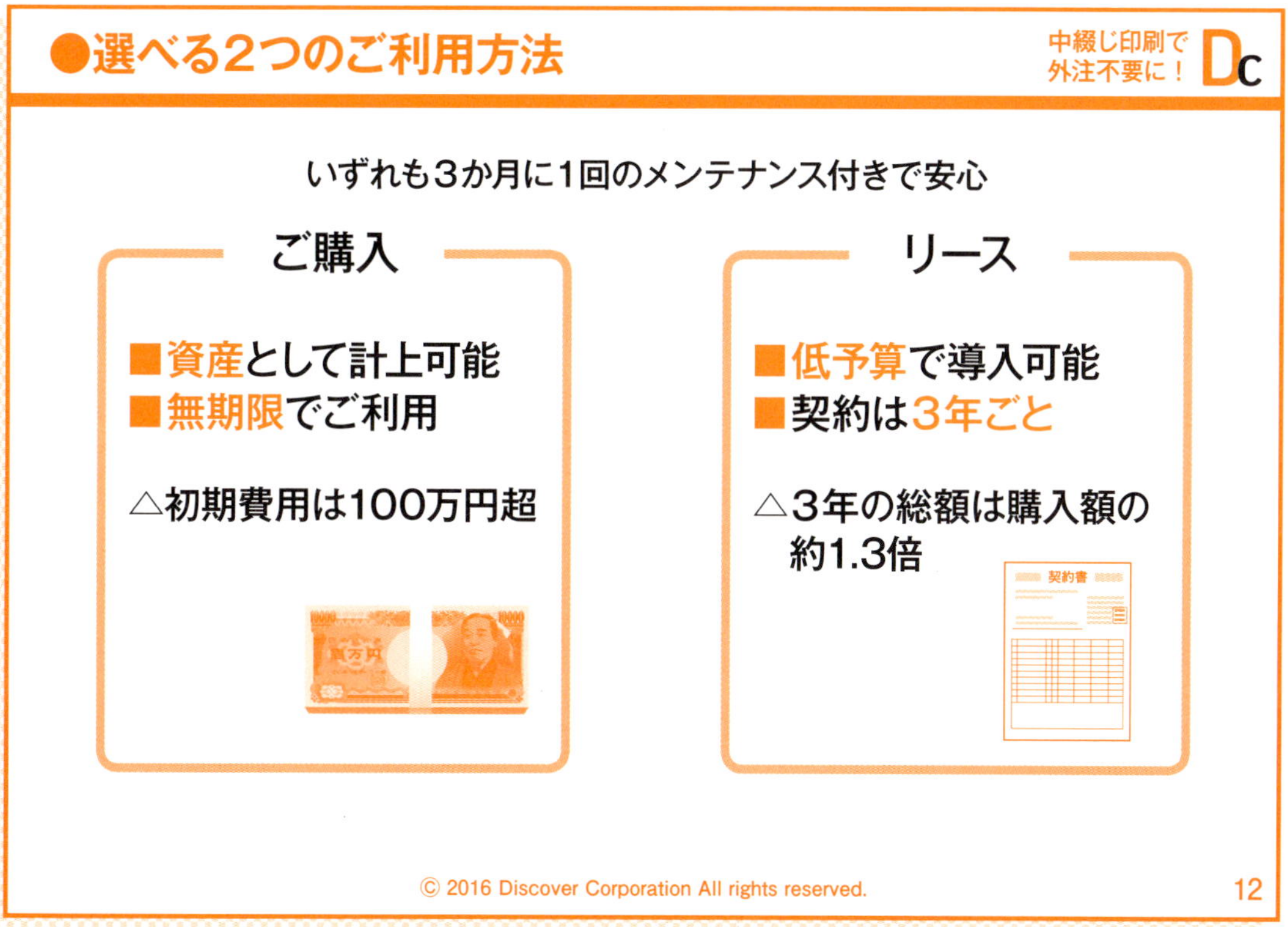
●選べる2つのご利用方法
中綴じ印刷で
外注不要に！
いずれも3か月に1回のメンテナンス付きで安心
ご購入
■資産として計上可能
■無期限でご利用
△初期費用は100万円超
リース
■低予算で導入可能
■契約は3年ごと
△3年の総額は購入額の
約1.3倍
契約書
© 2016 Discover Corporation All rights reserved.
12

POINT 左右の違いを強調するため、異なる箇所の文字色を変えています。

POINT 異なるグループの情報を混同しないよう、
それぞれを枠で囲むような工夫をしてみてもいいでしょう。

POINT 文章だけでなく、アイコン、イラスト、写真を併用して
読み手がイメージしやすくします。

POINT 使うイラストや写真は素材サイトなどで検索するほか、
自分で撮影してストックしておくと便利です。

12 記号で直感させる

テレビの画面上はとにかく文字数を少なくしてあります。
資料も“読ませる”のではなく、見て感じてもらう手法をとっていきます。

●お手軽利用は「リース」

中綴じ印刷で
外注不要に！ Dc

迅速な導入が可能なのはリース

	ご購入		リース
固定資産	○		×
費用	123万円 （一括支払い）	＞	4万4000円 （月々の支払い）

（消耗品は別途）

13

POINT 文章による説明を減らすためには、表組みで紹介すると効果的です。

POINT 必ず相手のベネフィット（お得）を盛り込みましょう。

POINT 資料では英数字には半角を使いますが、
テレビでは太く見えるよう全角を使うことが主流です。

POINT 大小、高低を不等号などの記号で直感させています。

POINT 言葉をアイコンに置き換えることでも、文字数を減らせます。

13 図解で見せる

説明文を減らすには、図解を活用することが効果的です。
ワイドショーで見かける関係図の要領で作っていきましょう。

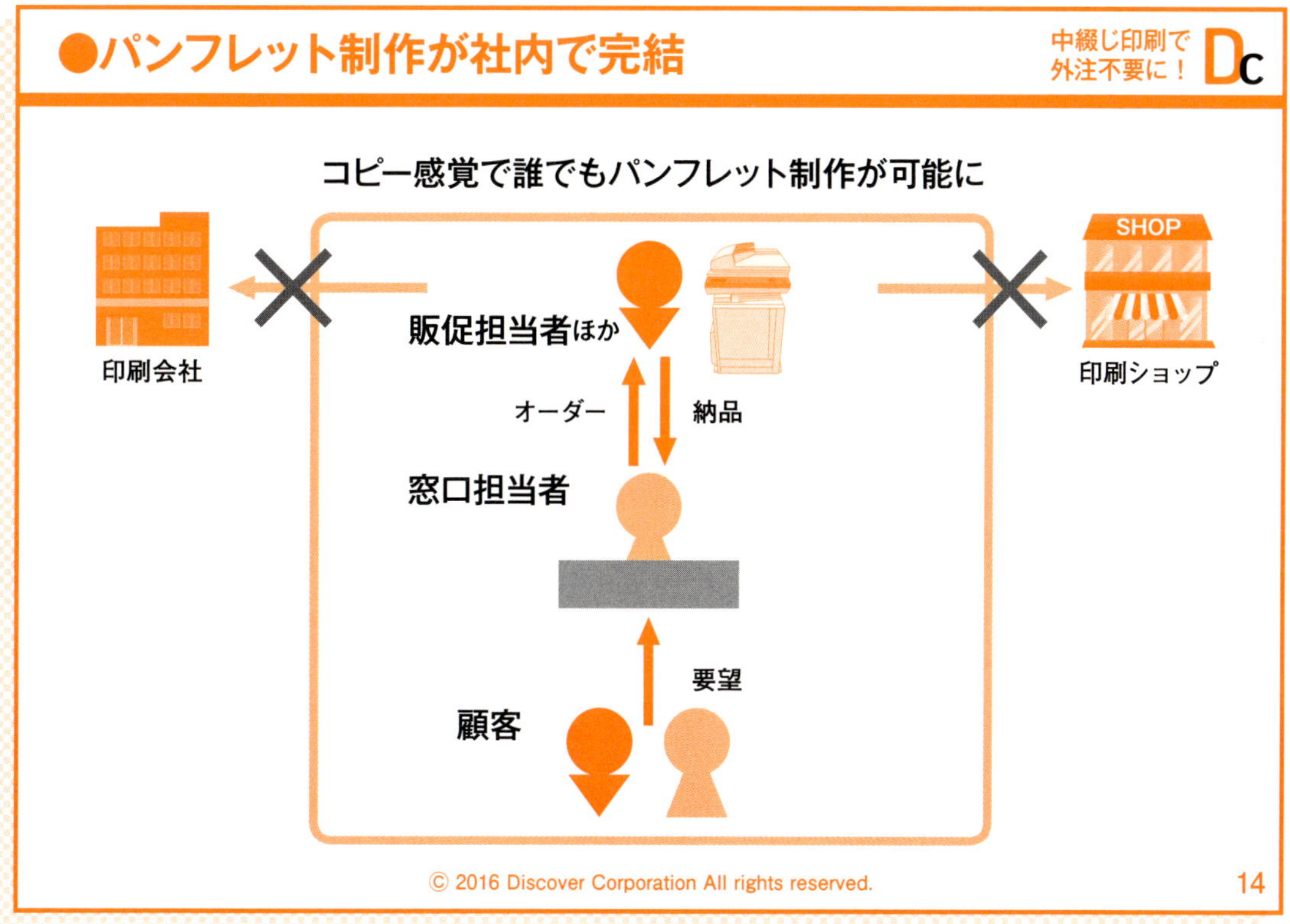

POINT 関係性は図解で見せれば一目瞭然です。

POINT ○や△、□などの
簡単な図形の組み合わせと線で、誰でも図解は描けます。

14 時間を“見える化”する

時間の流れは説明では分かりにくいので、「ガントチャート」と呼ばれる図で見せます。
日時や時間だけでなく、“いつからいつまで”という期間も“見える化”することができます。

●リースご利用のイメージ

中綴じ印刷で
外注不要に！ Dc

毎月、利用枚数を確認・見直しいただけます

前月	当月上旬	当月中旬	当月下旬	翌月上旬	翌月中旬	翌月下旬	翌々月上旬	翌々月中旬	翌々月下旬
申し込み後設置調査						ご請求書発行			
設置	第1営業日カウント開始		最終営業日カウント終了						貴社ご入金締め切り

 15

POINT 時系列は過去から未来を「左から右に」、あるいは「上から下に」レイアウトします。

POINT 縦横の線を省き、その代わりに行の色を交互に変えることで、全体をスッキリ見せることができます。

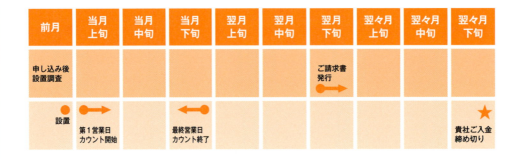

15 概算費用を見せる

提案に関わる金額は必ず示さなければ、検討も決裁もされることはありません。

●リース初期費用
中綴じ印刷で
外注不要に！
Dc
導入費用 約7万円
(消費税別)
今だけの
二大特典
2月までにご成約の場合、プレゼントいたします！
①上書き入力だけでパンフレットが完成するテンプレート5種類
②A3用紙1ケース(5,000枚)
© 2016 Discover Corporation All rights reserved.
16

	金額(円)
設置工事出張料	4,700
初期設定トナー(4色)	24,800
初月リース料	44,000
合計	73,500

POINT 詳細は別途見積書を出せばよいので、総額の目安を入れます。

POINT 「85千円」のような表記は頭の中で置き換えが必要なので、「85,000」のようにストレートにイメージできる数字にします。

16 返事がもらえるよう連絡先を明示する

提案書を作っても渡して終わりではありません。
結果を知るために、連絡先は必ず入れます。

●お問い合わせ

中綴じ印刷で外注不要に！ Dc

ディスカヴァー販売㈱　東京第2営業部

山先《やまざき》　薫《かおる》

メール　yamazaki@discover-c***.co.jp
電話　(03)1234-5678

〒123-4567
東京都千代田区有楽町1-2-3　ディスカヴァータワー　4階

http://www.discover-c***.co.jp

コンコピー　検索

ご不明な点は何でもお尋ねください。
ご検討のほど、よろしくお願いします。

担当　山先

　17

- POINT 郵便で最初の連絡をする人はいないので、メールアドレスや電話番号を優先して入れます。
- POINT 難しい氏名の人はふりがなを振って、呼んでもらいやすくします。
- POINT ウェブサイトを見てもらいたい場合、URLの入力は面倒なので、すぐに探せる検索ワードを紹介したほうが相手には便利です。
- POINT 資料に顔写真を入れておくと、記憶されやすく、思い出してもらいやすくなります。
- POINT 最終ページでは、挨拶も入れて、念押しをします。

おわりに

テレビの真髄は、情報を“見せる”ことにあり！

テレビの仕事は、すべてがプレゼンに通じている

著者プロフィールにもあるとおり、私は実に７社もの企業に勤務してきました。

新卒で就職した広告代理店では、主に新聞・雑誌の担当。ここではラジオ、テレビの広告、チラシや交通広告、イベントなどひととおりのことは経験しました。

その後、新聞の記者として取材して記事を書いたり、広告主として雑誌の広告やCMを作ったり、ウェブサイトやビデオの制作も経験したり……。けれど、何かが足りない。そう、テレビです。

“あとテレビさえ経験すれば、すべてのメディアを知っていることになるのになあ”

そのように考えていたところに「テレビ局のニュース番組で校閲・校正経験者を探しています。天野さん、いかがですか」と声をかけていただきました。私は即答しました。

「やらせてください！」

仕事が始まってみると、すでにプレゼンテーションの仕事を始めていた私にとって、テレビ番組は宝の山でした。

「こんな図を描いて見せるから、難しいことも分かりやすく説明できるのか！」

「こういうふうに調整するから時間がピッタリ収まるのか！」

「こんな言いまわしに変えると勘違いが起こらないのか！」

すべてがビジネスプレゼンテーションに通じることばかり。仕事のかたわら、プレゼンテーションに役立つことはないかと、観察と研究の日々がスタートしました。

今回の執筆にあたり、すべての原稿を書き終えたあとで編集の方から「参考文献はありますか」と聞かれましたが、１冊もありません。その代わり、参考番組は山ほどあります。すべてのことはテレビから教わったのです。

たとえば、「紅白歌合戦」では審査員が紅白のボールをカゴに集め、司会者が会場に投げてカウントします。観客は紅白のうちわを見せて、野鳥観察の専門家たちが双眼鏡を見ながら票を数えます。「欽ちゃんの仮装大賞」では審査員が入れた点数のランプが積み上がって、合格ラインを超えると派手に点滅します。「笑点」の大喜利はざぶとんの枚数で得点を示します。「世界ふしぎ発見！」もヒトシ君人形の数で点数を見せます……。

いかがでしょう？　すべて、子どもにもお年寄りにも必ず分かる伝え方です。そういえば、これらの番組はズバ抜けて視聴率がいいものばかり。つまり、私が参考になると思った番組、**視聴者に人気のある番組のすべてが「情報を可視化（見える化）している」**のです。逆に言えば、情報を可視化しなければ多くの人から支持されないということでしょう。

本書のタイトルは『図解　テレビに学ぶ　中学生にもわかるように　伝える技術』ですが、もっともテレビから学んだのは私自身です。**「テレビの真髄は何か？」と問われたら、私はハッキリ答えます。「情報を“見せる”ことです」と。**

この本を手にとってくださった皆さんが情報の“見せ方”を身につけ、伝える力が上がることを願っています。

天野暢子

2010年11月に小社より刊行された『プレゼンはテレビに学べ！』は、2015年12月にコンビニエンスストア限定の図解版が発売されました。本書は、その図解版に巻末付録を新規に書き下ろしたものです。

図解　テレビに学ぶ 中学生にもわかるように 伝える技術

発行日　2015年12月20日　第1刷

Author　天野暢子

Book Designer　小口翔平　三森健太（tobufune）
Cover Illustration　海道建太

Publication　株式会社ディスカヴァー・トゥエンティワン
〒102-0093　東京都千代田区平河町2-16-1 平河町森タワー11F
TEL　03-3237-8321（代表）
FAX　03-3237-8323
http://www.d21.co.jp

Publisher　干場弓子
Editor　千葉正幸

Marketing Group Staff　小田孝文　中澤泰宏　片平美恵子　吉澤道子　井筒浩　小関勝則　千葉潤子　飯田智樹　佐藤昌幸　谷口奈緒美　山中麻吏　西川なつか　古矢薫　伊藤利文　米山健一　原大士　郭迪　松原史与志　蛯原昇　中山大祐　林拓馬　安永智洋　鍋田匠伴　榊原僚　佐竹祐哉　塔下太朗　廣内悠理　安達情未　伊東佑真　梅本翔太　奥田千晶　田中姫菜　橋本莉奈　川島理　倉田華　牧野類　渡辺基志

Assistant Staff　俵敬子　町田加奈子　丸山香織　小林里美　井澤徳子　藤井多穂子　藤井かおり　葛目美枝子　竹内恵子　清水有基栄　小松里絵　川井栄子　伊藤由美　伊藤香　阿部薫　常徳すみ　三塚ゆり子　イエン・サムハマ　南かれん

Operation Group Staff　松尾幸政　田中亜紀　中村郁子　福永友紀　山﨑あゆみ　杉田彰子

Productive Group Staff　藤田浩芳　原典宏　林秀樹　三谷祐一　石橋和佳　大山聡子　大竹朝子　堀部直人　井上慎平　松石悠　木下智尋　伍佳妮　賴奕璇

Author's agency　アップルシード・エージェンシー（http://www.appleseed.co.jp/）
本文デザイン＋DTP　斎藤充（クロロス）
編集協力　藤吉豊（クロロス）　岸並徹　斎藤菜穂子

Proofreader　鷗来堂
Printing　大日本印刷株式会社

ISBN978-4-7993-1819-5